PAOLA FANTI

ITALIENISCH FÜR DEN ALLTAG 2

Niveau B1-B2

Einfach und schnell
den Wortschatz erweitern und
Alltagsvokabeln lernen

Vom Anfänger zum Fortgeschrittenen

1. Auflage Mai 2024

Ehrengut Verlag
c/o COCENTER GmbH
Koppoldstr. 1
86551 Aichach

info@ehrengut-verlag.de
www.ehrengut-verlag.de

Cover: Marie-Katharina Becker
Druck: CPI Druckdienstleistungen GmbH, Ferdinand-Jühlke-Straße 7, 99095 Erfurt

ISBN: 978-3-9825230-6-4

Indice del contenuto | Inhaltsverzeichnis

Prefazione | Vorwort 4

File audio | Audiodateien 5

01 **I tre di Monaco** | Die drei aus München 6

02 **Preparativi** | Reisevorbereitung 14

03 **Verso Torino** | In Richtung Turin 21

04 **Sosta di emergenza** | Nothalt 30

05 **L'ostello** | Die Jugendherberge 38

06 **Una serata in pizzeria** | Ein Abend in der Pizzeria 47

07 **Colazione in centro** | Frühstücken im Stadtzentrum 53

08 **In fila per la Mole** | In der Schlange vor der Mole 63

09 **Dall'alto e all'interno** | Von oben und im Inneren 73

10 **In moto sul colle** | Motorradfahren auf dem Hügel 79

11 **Musica e nuove amicizie** | Musik und neue Freundschaf-

12 **All'azienda vinicola** | Auf dem Weingut 93

13 **Rifornimento** | Auftanken 104

14 **Mal di denti** | Zahnschmerzen 110

15 **Riposo e noia** | Erholung und Langeweile 116

16 **WhatsApp** 122

17 **Dove nasce il Po** | Wo der Po entspringt 131

18 **In Liguria** | In Ligurien 137

19 **Venezia** | Venedig 143

20 **A presto, Italia** | Bis bald, Italien 148

Conclusione | Nachwort 154

Soluzioni | Lösungen 155

Registro di grammatica | Grammatik-Register 161

Traduzioni | Übersetzungen 162

Lista dei verbi | Verblisten 163

Prefazione | Vorwort

Kannst du dich noch an deine **ersten Worte und Sätze auf Italienisch** erinnern? Ich bin mir sicher, dass du seitdem **viele Herausforderungen** gemeistert hast. Zu Beginn schienen manche vielleicht unüberwindbar und so groß, dass du daran gedacht hast aufzugeben. Doch dein Durchhaltevermögen hat sich gelohnt! Deine Anstrengungen wurden allmählich geringer und es fällt dir immer leichter, deine Sprachkenntnisse zu vertiefen und zu erweitern.

Dieses Buch soll dir dabei helfen, noch **weitere Hindernisse zu überwinden** und deinen **Lernweg angenehm zu gestalten**.

Unsere drei jungen Protagonisten nehmen dich in diesem Buch auf ihre wunderbare Reise mit, die in **Turin** beginnt und mit einem Eis in **Venedig** endet. In 20 Kapiteln lernst du verschiedene Facetten des italienischen Lebens kennen und vertiefst deine grammatikalischen Fähigkeiten im Niveau B1 bis B2.

Jedes Kapitel enthält einen **Dialog** und einen **Text zur Kultur Italiens**. Der grammatikalische Teil bezieht sich auf den Dialog, sodass du die **Anwendung der Grammatik** sofort praktisch nachvollziehen kannst. In jedem Kapitel findest du passende **Übungen**, die du am besten auf einem separaten Block bearbeitest, um sie bei Bedarf mehrmals zu wiederholen oder damit du das Buch später an Freunde weitergeben kannst. Solltest du die deutsche **Übersetzung der Dialoge** und der **Texte zur Kultur Italiens** benötigen, kannst du sie schnell und einfach herunterladen. Weitere Informationen dazu findest du auf Seite 162.

Ein wesentlicher Bestandteil des Buches sind die **Audiodateien**, die dir helfen, dein Hörverständnis zu verbessern und dir die Möglichkeit bieten, Tim, Klaus und Jan bei ihren Abenteuern jederzeit und überall zu begleiten.

Bist du bereit? Dann wünsche ich dir viel Freude beim Reisen!

Deine Paola Fanti

File audio | Audiodateien

Wir möchten, dass du zusätzlich zu deinem **Leseverständnis** auch **dein Hörverständnis** und **deine Aussprache verbesserst**! Deshalb findest du **40 Audiodateien** zu allen Dialogen und Informationen zur italienischen Kultur **auf unserer Website** und **zum kostenlosen Download**.

Hör dir die Audioinhalte öfters an und **sprich laut mit**, um ein **besseres Gefühl für den Klang** und die **Aussprache** der italienischen Sprache zu bekommen.

Und so geht's:

Öffne die Kamera-App auf deinem Smartphone oder deinem Tablet und richte die Kamera auf den QR-Code. Wenn du eine gute Internetverbindung hast, öffnet sich das Zusatzmaterial ganz automatisch. Falls die Kamera-App auf deinem Smartphone die Funktion zum QR-Code scannen nicht hat, kannst du den Code alternativ auch mit einer **QR-Scanner-App** öffnen oder direkt auf unsere Website zugreifen (URL aus QR-Code):

https://www.ehrengut-verlag.de/audios/Italienisch_fuer_den_Alltag_2

Bei Problemen schreibe uns gerne an **info@ehrengut-verlag.de.** Wir werden uns zeitnah bei dir melden und dir beim Lösen deines Problems helfen.

01 I tre di Monaco | Die drei aus München

Tim, Klaus e Jan sono tre giovani di Monaco. La loro amicizia è cominciata al liceo e, dopo la maturità, Tim e Jan sono andati all'Università, mentre Klaus ha preferito una formazione in informatica. Tutti e tre frequentano un corso d'italiano in una scuola privata. Si presentano.

Tim: Salve, mi chiamo Tim, ho venticinque anni e ho studiato Economia. Dopo la laurea, **ho passato** qualche mese nell'officina di mio padre; poi sono riuscito ad avere un posto nella più importante azienda di Monaco. **Sono aumentati** i miei guadagni, ma **è diminuito** il mio tempo libero. Per me, che amo le macchine e, soprattutto, le moto, è veramente un sogno. E questa è una passione che condivido con i due miei amici più cari. Vero, ragazzi?

Klaus: Eh sì, con la moto puoi andare dappertutto e ti senti libero. Già da piccolo mi piacevano i motori. Ah, io sono Klaus, ho la stessa età di Tim. Dopo la maturità, non **mi sono iscritto** all'Università e ho fatto una formazione in informatica; oltre alle moto, la mia passione sono i computer. **Ho cambiato** un paio di lavori e adesso sono impiegato *presso un'azienda (1)* che sviluppa software. Jan, *ora tocca a te (2)*. A proposito, Jan è l'intellettuale del gruppo…

Jan: Ciao a tutti, sono Jan. Ho studiato storia e filosofia e sto facendo un dottorato all'Università, ma non sono un intellettuale. La moto piace anche a me, oltre ai libri. Con Tim e Klaus, abbiamo deciso di fare un viaggio. Siamo già andati molte volte in vacanza insieme. Tutti e tre parliamo italiano, lo studiamo da un po' di tempo; io ho già fatto l'esame per il livello B1, adesso tocca a voi, ragazzi.

Klaus: Tim, **hai cominciato** a studiare? *Io* **ho passato** *tutta la notte in bianco, non ho chiuso occhio (3)*, ho pensato solo all'esame…

Tim: Io **sono corso** in libreria ma sono arrivato tardi, era già chiusa, quindi non ho i libri… Jan, ci dai qualche ripetizione?

Jan: Io invece **ho corso**, ho fatto jogging… **sono passato** da te, ma non c'eri… probabilmente eri in libreria.

Tim: A parte gli scherzi… siamo d'accordo per Torino?

Vocabolario

(1) **presso un'azienda:** in una ditta; presso Torino: vicino a Torino

(2) **ora tocca a te:** è il tuo turno (adesso devi parlare tu)

(3) **Ho passato tutta la notte in bianco, non ho chiuso occhio:** non ho dormito per niente.

Comprensione del testo

1. Sono aumentati i miei guadagni, ma è diminuito il mio tempo libero.
a. Lavoro meno, ma guadagno di più.
b. Guadagno meno e lavoro di più.
c. Lavoro più a lungo e guadagno di più.

2. Ho cambiato un paio di lavori e adesso sono impiegato presso un'azienda che sviluppa software.
a. Ho fatto due lavori in un'azienda che sviluppa software.
b. Prima di lavorare in questa azienda, ho fatto altri lavori.
c. Sono impiegato e cambio spesso lavoro.

3. Jan, ci dai qualche ripetizione?
a. Jan, puoi ripetere, per favore?
b. Jan, a scuola non abbiamo capito; ci fai delle lezioni per capire?
c. Jan, ci ripeti quello che hai detto?

Il sistema educativo Italiano

Fino a 6 anni non c'è *obbligo di frequenza (1).*

- Da 0 a 3 anni: c'è la possibilità di portare i bambini all'*asilo nido.*
- Da 3 a 6 anni: se si vuole, i bambini possono frequentare la *scuola dell'infanzia.*

Dai 6 anni *vige (2)* l'obbligo di frequenza, per almeno 10 anni. A 16 si può smettere, ma con il *diritto/dovere* di fare una formazione triennale, fino al raggiungimento di una qualifica professionale.

Da 6 a 11 anni: Scuola primaria – i bambini che la frequentano si chiamano *scolari (3)*, seguono l'insegnamento e non sono ancora in grado di studiare autonomamente. *Imparano* quello che gli servirà per studiare. Fino a qualche anno fa si chiamava *scuola elementare.*

Da 11 a 14 anni: Scuola secondaria di primo grado – si parla già di *studenti (4)*, in quanto hanno già imparato ciò che serve allo studio autonomo, in particolare, leggere, scrivere, contare… Autonomamente studieranno quello che hanno imparato a scuola. Si chiamava *scuola media.*

Da 14 a 19 anni: Scuola secondaria di secondo grado – lo studente può scegliere tra diversi indirizzi, che qui riassumiamo. In passato era la *scuola superiore.*

- Licei
- Istituti tecnici/professionali - entrambi hanno una durata di cinque anni.
- L'obbligo di studio, per la scuola secondaria di secondo grado, è ormai di minimo 3 anni, con la possibilità di una formazione professionale da 14 a 17 anni.

Dopo, senza obbligo, si può frequentare l'Università, suddivisa in tre cicli:

- primo ciclo: laurea di **primo livello** (triennale)
- secondo ciclo: **laurea magistrale**
- terzo ciclo: **dottorato di ricerca**

Vocabolario

(1) **l'obbligo di frequenza:** si deve frequentare

(2) **vigere:** essere in vigore, avere forza. Esempio: una legge vige

(3) **lo scolaro/la scolara:** bambino/bambina che frequenta la scuola primaria

(4) **lo studente/la studentessa:** persone che frequentano la scuola secondaria o l'Università

Passato Prossimo*: essere o avere?

Quale **ausiliare** si usa per il passato prossimo? E cos'è un verbo *ausiliare*? L'*ausiliare* è un verbo che aiuta a coniugare. **Essere** e **avere** *aiutano* a formare i tempi composti (ausiliare + participio passato), per esempio il *passato prossimo.*

Alcuni verbi (es.: cominciare, finire, cambiare…) **possono prendere *essere*** o ***avere***.

Come capiamo se dobbiamo usare *essere* o *avere*?

È importante stabilire se il verbo è usato in funzione **transitiva** o **intransitiva**.

Transitivo
Il verbo **passa** l'azione dal soggetto (A) all'oggetto (B).
È un'**azione soggettiva**: *il soggetto "decide" cosa fare, agisce.*
Azione: **ho** fatto! (avere)

Intransitivo
Manca l'oggetto (~~B~~), il verbo interessa solo il soggetto (A).
Non c'è un ~~passaggio~~. A>B
È un'azione, che esprime uno **stato oggettivo**.
Stato: **sono** stato/a. (essere)

Attenzione: nelle tabelle sono presenti solo alcuni verbi!

*Il passato prossimo è stato spiegato al Cap. 17 del livello A1-A2.

Funzione transitiva (A > B)	Funzione intransitiva (A > ~~B)~~
I ragazzi cominciano *il loro viaggio.*	**Il loro viaggio** comincia.
soggetto > verbo > *oggetto diretto*	**soggetto** > verbo > ~~oggetto~~
(A) azione (B)	(A) stato ~~(B)~~
I ragazzi **hanno cominciato** il loro viaggio. (è **un'azione soggettiva**: i ragazzi agiscono!)	Il loro viaggio **è cominciato**. (è **uno stato oggettivo**: non c'è azione!)
AZIONE: avere	**STATO: essere**
Lucia ha cambiato **pettinatura** *ieri. (avverbio)*	**Lucia** è cambiata *molto. (avverbio, non oggetto)*
La mamma ha lavato **la bambina.** *(azione)*	**La bambina** ***si*** *è lavata* stasera. (stato: è pulita) *(avverbio)* (**verbo riflessivo**: sempre essere)
I genitori hanno iscritto il bambino a scuola.	**I genitori si** sono iscritti *a un corso d'italiano. (a cosa?/ indiretto)*

Nota!

Il **verbo riflessivo** prende **sempre essere** nei tempi composti!

Verbi di moto – Direzione o scelta razionale?

Il verbo di moto indica lo **spostamento** da un punto all'altro.

- Vado > Sono andato/a *al lavoro* a piedi.
  Dove sono andato/a? Al lavoro

- Cammino > Ho camminato volentieri.
  Come mi muovo? Quale forma di movimento?:Camminare (correre, nuotare…)

Alcuni esempi:

- **Dove** *vai* stasera? *Vado* al cinema.
- **Dove** *sei andato/a* ieri? ***Sono*** *andato/a* al cinema.

- **Come** ci *vai*? A piedi, *cammino* volentieri.
- **Come** ci ***sei*** *andato/a*? A piedi. ***Ho*** *camminato* volentieri.

ESSERE: Direzione	AVERE: Scelta razionale
andare	**camminare**
Sono andato al cinema. > *direzione*	*Ho* camminato volentieri. > *scelta*
volare	
L'uccello *è* volato da un albero all'altro. (*moto naturale* dell'uccello/ *direzione*)	*Ho* volato per la prima volta. (*ho usato* l'aereo; *scelta razionale*)
cadere, volare	**nuotare**
Sono caduta, *sono* volata in terra > *moto direzionale* (non per scelta)	In piscina *ho* nuotato per un'ora. (*ho fatto* una nuotata; *scelta* razionale)
correre	
Sono cors**o/*a*** nel parco. (ho visto **Luigi** nel parco e *sono andato/a di corsa* da lui/in una direzione)	*Ho* corso nel parco. (sono andato/a nel parco e *ho scelto razionalmente* di correre)
passare	
Prima di andare a casa, *sono* passat**o/a** dal supermercato per comprare qualcosa. (*mentre andavo* a casa, *mi sono fermata* al supermercato)	Per riposarmi, *ho* passato un paio di giorni al mare. (*ho deciso razionalmente* di fare una breve vacanza al mare)
salire/scendere	
(nel significato di *andare* **giù/su**) - *Sono* sceso/a dal treno. - *Sono* salito/a sull'aereo. - Loro *sono* scesi/e ***per*** le scale. *Siamo* saliti/e ***con*** l'ascensore.	*Ho* salito/*ho* sceso **le scale** di corsa: adesso ho il fiatone/ho un braccio rotto. (**oggetto**: le scale). Non è interessante il moto, ma le scale, che sono la causa del fiatone/del braccio rotto.

Attività

1. Dal presente al passato

Esempio:
Salgo sull'aereo. **Sono salito** sull'aereo.

1. Stasera **andiamo** al cinema con gli amici.
Ieri sera ______________________________

2. Ogni fine settimana Klaus **corre** nel parco e **fa** ginnastica.
La scorsa settimana ______________________________

3. I bambini **salgono** le scale attentamente e non **cadono**.
____

4. Al mare **prendono** il sole e **nuotano**.
____

5. **Suonano** alla porta e **corri** ad aprire.
____

6. **Prendete** l'aereo e **volate** per prima volta.
____

7. Maria **scende** con l'ascensore, noi **scendiamo** le scale a piedi.
____

8. Dove **passi** le tue vacanze? Quando **torni**?
____

9. **Vedi** quei passerotti che **volano** tra gli alberi?
____

10. Domani le nostre cugine **passano** a trovarci, **vengono** quando **finiscono** di lavorare.
Ieri ______________________________

2. Coniuga il verbo al passato prossimo e unisci

1. *Nei ristoranti i prezzi (aumentare)* ***sono*** *aumentati.*	**a.** da poco di girare il film.
2. I ristoratori (aumentare) ____________________	**b.** *la dose dei medicinali.*
3. Le temperature (diminuire) ____________________	**c.** la settimana scorsa.
4. *Il medico mi (diminuire)* ***ha*** *diminuito*	**d.** a studiare perché gli esami sono vicini.
5. Le ragazze (cambiare) ________________molto:	**e.** *a causa della crisi economica.*
6. Le ragazze (cambiare) ____________________	**f.** molto tardi e mi sono addormentato.
7. Gli studenti (cominciare) ____________________	**g.** i prezzi per poter tenere aperti i locali.
8. Gli esami (cominciare) ____________________	**h.** sono diventate più carine.
9. Il regista (finire) ____________________	**i.** molto durante la notte.
10. Il film (finire) ____________________	**j.** il colore dei capelli.

1.e; 2.___; 3.___; **4.**b; 5.___; 6.___; 7.___; 8.___; 9.___; 10.___.

02 Preparativi | Reisevorbereitung

I tre amici si incontrano in un bar per *definire i dettagli (1)* del viaggio che vogliono fare a Torino. Tim è arrivato in ritardo, perché non poteva lasciare il lavoro. Lui e i colleghi sono dovuti restare più *a lungo (2)* per finire un lavoro prima delle ferie.

Klaus: Abbiamo già ordinato anche per te, *la solita birra (3)*.

Jan: **Hai potuto trovare** tutte le informazioni per il viaggio?

Tim: Monaco-Torino, poco più di seicento chilometri, al massimo in sette ore siamo là. A metà strada ci fermiamo per *fare rifornimento (4)*, mangiamo qualcosa e ripartiamo.

Klaus: Su Internet ho visto che Torino è bellissima. Ci fermiamo una settimana in città, la visitiamo e ci muoviamo nei dintorni: c'è la Reggia di Venarìa Reale, possiamo andare sul Monte Bianco, poi ci sono le Langhe e il Monferrato, zone ricche di *eccellenze enogastronomiche (5)*, dove si mangia e si beve benissimo.

Jan: Qualche anno fa sono stato con la mia famiglia in Piemonte. **Abbiamo potuto vedere** molti bei posti. Dopo Torino possiamo *spostarci (6)*.

Tim: Non ci sono mai stato. Ma *con i miei (7)* siamo stati in Liguria, non è lontana. *Magari (8)* ci facciamo anche un bagno, che ne dite?

Klaus: Volentieri! Dobbiamo comprare anche la vignetta per la Svizzera…

Tim: Tranquilli! Ho preso tre vignette su Internet.

Jan: Allora ti restituiamo i soldi. Quanto hai speso?

Tim: Non dovete restituirmi niente; quando siamo in Italia, pagate voi una cena.

Klaus: A proposito di mangiare… **ho voluto leggere** qualcosa sulle *specialità culinarie (9)*. Conoscete la *bagna cauda*? È una salsa tradizionale piemontese, dobbiamo assaggiarla. C'è poi una bevanda a base di caffè e cioccolato, il *bicerìn*...

Tim: Una mia amica è stata qualche mese fa a Torino e mi ha consigliato alcuni locali dove andare a mangiare.

Vocabolario

(1) **definire i dettagli:** decidere i particolari
(2) **a lungo:** per lungo tempo
(3) **la solita birra:** la birra che bevi sempre
(4) **fare rifornimento:** mettere benzina
(5) **eccellenze enogastronomiche:** il vino e i cibi speciali
(6) **spostarsi:** muoversi da un posto all'altro
(7) **con i miei:** con i miei genitori
(8) **magari:** come forse, ma più probabile (v. cap. 6 pag. 50)
(9) **specialità culinarie:** specialità della cucina

Comprensione del testo

1. ..., la solita birra.
a. La birra che prendi normalmente.
b. La birra che solo tu bevi.
c. Solo una birra.

2. A metà strada ci fermiamo per fare rifornimento, mangiamo qualcosa...
a. Dopo metà percorso facciamo una pausa e compriamo da mangiare.
b. Prima di arrivare facciamo una sosta per fare benzina e mangiamo.
c. Prima di arrivare facciamo una sosta per riposarci e mangiamo.

3. Ci fermiamo una settimana in città, la visitiamo e ci muoviamo nei dintorni.
a. Rimaniamo una settimana in città per visitarla e facciamo piccoli viaggi lì vicino.
b. Facciamo una pausa in città e ripartiamo per stare una settimana nelle vicinanze.
c. Rimaniamo una settimana in città per visitarla e poi andiamo via.

Il bicerìn

Il *bicerìn* è una bevanda tipica torinese. Letteralmente significa *bicchierino* ed è stato ideato nell'omonimo locale all'inizio dell'Ottocento. È una bevanda calda, composta da caffè, pezzetti di cioccolata, che si fondono con il calore del caffè, e fior di latte.
Il bicerìn si serve in calici di vetro e si accompagna ai *bagnati,* i tradizionali biscotti piemontesi da *inzuppare (1).*
Nel '700, nelle corti si era diffusa l'usanza della *Merenda (2) Reale:* i nobili bevevano una cioccolata calda, con cui mangiavano i bagnati.
Nell'Ottocento nascono molti caffè, locali in cui si discute di politica e cultura. Tra questi il locale dove è stato inventato il *bicerìn* che si trovava proprio davanti a una chiesa. La Merenda Reale diventò così un appuntamento del mattino, subito dopo la Messa. E non solo per i nobili! Il locale fu naturalmente fondato da un uomo, ma era gestito da donne: quindi fu ben presto frequentato anche da donne, contrariamente agli altri caffè, dove si ritrovavano esclusivamente gli uomini per bere, fumare e discutere e dove le donne *perbene (3)* non entravano.

Vocabolario

(1) **inzuppare:** mettere i biscotti in un liquido per renderli più morbidi
(2) **la merenda:** mangiare qualcosa tra i pasti principali. I bambini fanno merenda a scuola e il pomeriggio
(3) **perbene:** che si comportano bene, secondo la morale

Verbi modali al passato

Il **verbo modale** indica la modalità *dell'azione* (avere) o *dello stato/moto* (essere). In italiano si chiama anche ***verbo servile***, è un verbo che **serve** a chiarire il *perché* dell'azione o dello stato/moto.
Il ***verbo principale*** (azione/stato-moto) determina la scelta dell'***ausiliare***.

AVERE

Abbiamo *potuto* **vedere** molti bei posti.
Sara ***ha*** *dovuto* **pulire** di nuovo perché era tutto sporco.
Gli ospiti non ***hanno*** *voluto* **mangiare** niente perché non avevano fame.
Vediamo molti bei posti. (presente)
Abbiamo **visto** molti bei posti. (passato prossimo)

Possiamo ***vedere*** molti bei posti. (presente)
Abbiamo *potuto* ***vedere*** molti bei posti. (passato prossimo)

Qual è il verbo principale?
<vedere>
Ausiliare?
<avere>

ESSERE

I colleghi ***sono*** *dovuti* **restare** a lungo.
Sara non ***è*** *voluta* **uscire**, perché non si sente bene.
Non ***siamo*** *potuti* **andare** a teatro, perché abbiamo lavorato fino a tardi.
Sara non **esce.** (presente)
Sara non ***è*** **uscita.** (passato prossimo)

Non **vuole** ***uscire***. (presente)
Non ***è*** *voluta* ***uscire***. (passato prossimo)

Qual è il verbo principale?
<uscire>
Ausiliare?
<essere>

Nota!

Si usa il verbo modale…

- …*riflessivo* con **essere** quando **il pronome precede il verbo**. (l'attenzione è sull'azione)
  Lara non ***si*** **siede.** > Non ***si è*** **seduta.**
  Lara non ***si vuole*** *sedere.* > Non ***si è voluta*** *sedere.*

- …*riflessivo* con **avere** quando **il pronome è attaccato all'infinito.** (l'attenzione è sul potere, volere, dovere)
  Lara non *vuole* seder***si.*** > Lara non ***ha voluto*** seder***si.***

Attività

1. Aggiungi il verbo modale indicato e trasforma al passato

Esempi:

Non **vado** a scuola. (potere) Non **posso** andare a scuola	Non **sono andato/a** a scuola. Non **sono potuto/a** andare a scuola.
Mangiano le mele. (volere). **Vogliono** mangiare le mele.	**Hanno mangiato** le mele. **Hanno voluto** mangiare le mele.

PRESENTE	PASSATO
1. I bambini ***tornano*** da scuola da soli (volere). I bambini ______________ tor-nare da scuola da soli.	1. I bambini ____________ da scuola da soli. I bambini ______________ tornare da scuola da soli.
2. Sara e suo marito ***comprano*** una macchina nuova (dovere). Sara e suo marito ___________ comprare una macchina nuova.	2. Sara e suo marito __________ una macchina nuova. Sara e suo marito ____________ comprare una macchina nuova.
3. Finalmente stasera ***guardo*** quel film che mi piace tanto (potere). Finalmente stasera ___________ guardare quel film che mi piace tanto.	3. Finalmente ieri sera _________ quel film che mi piace tanto. Finalmente ieri sera ___________ guardare quel film che mi piace tanto.
4. Perché non ***cucinate*** la carne? (volere) Perché non _______________ cucinare la carne?	4. Perché non _______________ la carne? Perché non _______________ cucinare la carne.
5. Non ***torniamo*** molto presto (potere), ***lavoriamo*** fino a tardi. (dovere) Non _______________ tornare molto presto, _______________ lavorare fino a tardi.	5. Non _______________ molto presto, _______________ fino a tardi. Non_______________ tornare molto presto, _______________ lavorare fino a tardi.

2. Metti il verbo modale al passato prossimo

Esempi:
1. Domani **mi devo** alzare presto. – Ieri **mi sono** dovuto/**a** alzare presto.
2. Stasera **voglio** lavar**mi** i capelli. – Stamattina **ho voluto** lavar**mi** i capelli.

1. **Devi alzarti** così presto?

____

2. I bambini non **si vogliono lavare** i denti.

____

3. Non possono **incontrarsi** prima delle tre.

____

4. Laura **vuole mettersi** il vestito più elegante.

____

5. **Carla e Lara si devono** abituare ad alzarsi presto.

____

6. Lei **deve togliersi** il cappotto, perché è molto caldo.
_____________________________ perché era molto caldo.

7. Non ci **possiamo** iscrivere al corso, perché non ci sono più posti.
__________________________, perché non c'erano più posti.

8. Non **vogliono** asciugarsi con quell'asciugamano perché è sporco.
_____________________________, perché era sporco.

9. Mi **voglio** rilassare un po', prima di ricominciare a lavorare.
__________________________, prima di ricominciare a lavorare.

10. La bambina si deve **coricare*** prima delle nove.
_____________________________ prima delle nove.

*coricarsi: andare a letto

03 Verso Torino | In Richtung Turin

Il viaggio è iniziato: i tre sono stati puntualissimi, qualche minuto dopo le 10:00 sono partiti. A circa metà strada si fermano in *un'area di servizio (1)*, per fare il pieno e mangiare.

Jan: Verso che ora **arriveremo**? Non sappiamo ancora dove **alloggeremo**... Forse dovremmo cercare qualcosa...

Klaus: Aspetta, *do un'occhiata (2)* su Google... Ci sarebbero degli ostelli...

Tim: Per me va bene, **troveremo** sicuramente un posto per dormire. Quando **saremo arrivati** a Torino, **cercheremo** qualcosa.

Klaus: Adesso vado a pagare, offro io. Dopo che **avrò pagato**, **partiremo** subito.

Tim e Jan *si avviano (3)* alle moto.

Jan: Vogliamo controllare quanti chilometri mancano? Che dici, **riusciremo** ad arrivare a Torino senza fermarci ancora?

Tim: Credo di sì! Siamo più o meno a metà strada. Fra quattro ore al massimo **arriveremo** e dopo che **avremo trovato** l'alloggio e **ci saremo sistemati**, **sarà** tutta vacanza!

Klaus raggiunge i due.

Klaus: Siete pronti per ripartire? Tra qualche ora **comincerà** *la pacchia (4)*. Sono felicissimo! Per due settimane non **dovrò** preoccuparmi della sveglia. **Vedrete**: **ci riposeremo** e **ci divertiremo** tantissimo. E quando la vacanza **sarà finita**, **torneremo** al lavoro rilassatissimi.

Jan: Non è ancora cominciata e tu pensi già a quando **sarà finita**... **Sarà** meglio partire, altrimenti **arriveremo** troppo tardi.

Tim: Ragazzi, mi raccomando, se qualcuno di noi ha un problema, c'è l'interfono. Via, verso il Piemonte!

Vocabolario

(1) **area di servizio:** luogo dove fermarsi per fare rifornimento, eventualmente mangiare e fare una piccola sosta

(2) **do un'occhiata:** guardo brevemente, controllo

(3) **avviarsi** (*si avviano*)**:** cominciare a muoversi verso un punto

(4) **la pacchia:** moltissimo divertimento

Comprensione del testo

1. Non sappiamo ancora dove alloggeremo.
a. Abbiamo già prenotato.
b. Non abbiamo ancora pensato a dove dormiremo.
c. Sappiamo già dove dormiremo.

2. Aspetta, do un'occhiata su Google.
a. Aspetta un momento, Google sta caricando.
b. Un attimo, controllo brevemente su Google.
c. Aspetta, apro Google.

3. /…/ sarà tutta vacanza!
a. Tutti faremo vacanza.
b. La vacanza finirà.
c. Potremo pensare solo alla vacanza.

Piemonte

Ai piedi dei monti (è questo il significato del nome) si estende una grande pianura, attraversata dal fiume Po, limitata dalle Alpi e dagli Appennini. Il paesaggio è unico: le montagne si stagliano nel cielo e da esse scendono moltissimi corsi d'acqua, che percorrono la pianura e la rendono fertile.
Il capoluogo è Torino, città ricca di storia, inserita in una natura stupenda, come anche altre grandi e piccole città di questa regione.
Città reale, a Torino si respira la Storia nei suoi monumenti e palazzi; come il *Castello del Valentino*, del XVI Secolo, che oggi è sede universitaria. È circondato dall'omonimo parco, che si estende per 14 chilometri ed è frequentato giornalmente da torinesi e turisti.
La *Reggia di Venarìa Reale*, costruita a partire dal 1658, come residenza estiva e di caccia della Casa Reale di Savoia. E le altre innumerevoli residenze della Casa Reale.
La Storia si unisce alla Cultura: grandi musei, tra cui il Museo Egizio, il più antico al mondo e, dopo quello del Cairo, il più importante, per i reperti che custodisce; il Museo del Cinema, all'interno della Mole Antonelliana (ne parleremo in seguito). E tanti altri.
Cultura e Storia, ma anche Natura ed enogastronomia: la presenza di colline, fiumi e valli rende possibile la coltivazione delle viti che danno un'ampia varietà di vini, che si abbinano a piatti tipici. Il Piemonte vi aspetta!

Futuro semplice: Verbi regolari

Il *futuro semplice* indica un'azione che si realizza in un tempo successivo al presente.

-are: arrivare	-ere: prendere	-ire: riuscire
arriv**A**re		
arriv**Er** + ò, ai, à, emo, ete, anno	prend**er** + ò, ai, à, emo, ete, anno	riusc**ir** + ò, ai, à, emo, ete, anno

Verbi regolari

arrivare	**prendere**	**riuscire**
arriv**erò**	prender**ò**	riuscir**ò**
arriv**erai**	prender**ai**	riuscir**ai**
arriv**erà**	prender**à**	riuscir**à**
arriv**eremo**	prender**emo**	riuscir**emo**
arriv**erete**	prender**ete**	riuscir**ete**
arriv**eranno**	prender**anno**	riuscir**anno**

Verbi in **-care/-ciare** e **-gare/-giare**

cer**ca**re (ca>che)	comin**cia**re (cia>ce)	pa**ga**re (ga>ghe)	man**gia**re (gia>ge)
cer**che**rò	comin**ce**rò	pa**ghe**rò	man**ge**rò
cer**che**rai	comin**ce**rai	pa**ghe**rai	man**ge**rai
cer**che**rà	comin**ce**rà	pa**ghe**rà	man**ge**rà
cer**che**remo	comin**ce**remo	pa**ghe**remo	man**ge**remo
cer**che**rete	comin**ce**rete	pa**ghe**rete	man**ge**rete
cer**che**ranno	comi**ce**ranno	pa**ghe**ranno	man**ge**ranno

Verbi irregolari

essere (sar-)	**avere (avr-)**	**dare (dar-)**
sarò	avrò	darò
sarai	avrai	darai
sarà	avrà	darà
saremo	avremo	daremo
sarete	avrete	darete
saranno	avranno	daranno

Nota!

I verbi come ***avere*** perdono la vocale della desinenza all'infinito.

andare>an*drò*	cadere>ca*drò*	dovere>do*vrò*	potere>po*trò*
sapere>sa*prò*	vedere>ve*drò*	vivere>vi*vrò*	…

I verbi come ***dare*** formano il futuro **dall'infinito** (in presente sono irregolari).

fare>*farò*	dire>*dirò*	stare>*starò*

Altri verbi irregolari

venire (verr-)	tradurre (tradurr-)
verrò	tradurrò
verrai	tradurrai
verrà	tradurrà
verremo	tradurremo
verrete	tradurrete
verranno	tradurranno

Nota!

Altri verbi come ***venire*** sono:

- rimanere>rima(~~ne~~)rrò>*rimarrò*
- tenere>*terrò*
- volere> vo(~~le~~)rrò>*vorrò*
- bere> presente: bevo, bevi, beve, beviamo, bevete, bevono<>futuro: *berrò*

Il presente di *tradurre* è: traduco, traduci, traduce, traduciamo, traducete, traducono. *Attenzione*: il futuro si forma dall'infinito (>*tradurrò*).

Altri verbi come tradurre sono:

- produrre>*produrrò*
- condurre>*condurrò*

Futuro anteriore

Il *futuro anteriore* indica un'azione che si realizza ***prima*** *dell'azione futura finale* (l'azione che ci interessa!)

essere	avere
Vi telefonerò, appena **sarò arrivato**.	Dopo che **avrò pagato**, partiremo.
Appena **sarò arrivato**, vi telefonerò.	Partiremo, dopo che **avrò pagato**.

Adesso dico ciò **che farò in futuro**: *arriverò* e ***poi*** *telefonerò* > quando sarò arrivato, telefonerò. (telefonare è l'azione finale, su cui mi concentro!)

Il ***futuro semplice*** esprime l'*azione finale*. Per l'*azione precedente* (o le azioni!) si usa il ***futuro anteriore***.

Il **futuro anteriore** è introdotto da alcune espressioni:

- (non) appena
- dopo che
- (solo) quando

Usi del futuro

Si usa il futuro…

…per un'azione che ***deve ancora accadere:***

- *L'anno prossimo* ***andrò*** a studiare in America.

…per ***ipotesi e supposizioni:***

- „Quanti anni ha quella signora?" „Non lo so di preciso. ***Sarà*** sulla quarantina…" (***avrà*** circa quaranta anni)
- „Dov'è Tim?" „Non è a casa? ***Sarà*** in palestra. ***Avrà dimenticato*** l'appuntamento."
- Se ***supererai*** l'esame, faremo un bel viaggio.

Attività

1. Metti i verbi al futuro semplice

1. Voi (prendere) ________________ l'autobus per andare in centro?
2. (venire) ________________ anche loro?
3. Non so se (noi, avere) ________________ tempo
4. Solo se (io, incontrare) ________________ l'uomo della mia vita, (sposarsi) ________________.
5. Non so se loro (potere) ________________ venire.
6. Quando lo (noi, sapere) ________________, te lo (dire) ________________.
7. Se (loro, fare) ________________ in tempo, (passare) ________________ da qui.
8. L'anno prossimo (tu, cercare) ________________ di studiare di più.
9. Chi (pagare) ________________ il danno? Lo ________________ loro!
10. Ho molta sete. Appena (essere) ________________ a casa, (bere) ________________ un litro d'acqua!

2. Collega le frasi e metti i verbi al futuro anteriore

1. Partiremo	**a.** non appena (finire) _____________ di leggerlo.
2. Appena (io, trovare) _________ un lavoro migliore	**b.** potrà cercare un lavoro migliore.
3. Ti restituirò il libro	**c.** comprerò una macchina nuova.
4. Dopo che (lei, laurearsi) ___________,	**d.** Dopo che (comprare) ______________________ casa.
5. Quando si sposeranno?	**e.** non appena (chiudere) _______________ le valigie.

1.___; 2.___; 3.___; 4.___; 5.___.

3. Futuro semplice o futuro anteriore?

Esempio:
A: Ho provato a chiamare Giulia ma non mi ha risposto.
B: Non (essere) **sarà** in casa; (andare) **sarà andata** da sua madre.

1. A: Franco è in ritardo. Cosa gli (succedere) ________________?
1. B: Non ti preoccupare. (Essere) ________________ ancora al lavoro!

2. A: Dove sono le fragole?
2. B: Le (mangiare) ________________ Claudia, come al solito.

3. A: Ma quanti anni ha suo fratello? Sembra più giovane di lei…
3. B: (Avere) ________________ una trentina d'anni.

4. A: (Tornare) _____ già __________ Julia dalle vacanze?
4. B: Chissà, forse ________________ domani.

5. A: Lara non ha ancora telefonato. (arrivare) ________________ a casa?
5. B: Boh! Speriamo che il treno non sia in ritardo.

04 Sosta di emergenza | Nothalt

Dopo la pausa in Svizzera, i ragazzi hanno ripreso il viaggio e sono sull'autostrada. Tutto sembra procedere bene. Un po' prima delle 16:00, a circa 140 km da Torino, Klaus ha un problema. (Mec.: Meccanica)

Klaus: Ragazzi, la mia moto *perde colpi (1)*.

Tim: Va **bene**, ci fermiamo **brevemente** sulla corsia d'emergenza. Jan, hai sentito?

Jan: D'accordo, facciamo una **breve** pausa.

Accostano (2).

Jan: Cos'è successo? Qual è il problema?

Klaus: Non lo so, la moto perde potenza, è **lenta**. Prima di partire, era tutto in ordine.

Tim: A due chilometri c'è un casello autostradale, non lontano c'è **di sicuro** un'officina.

All'uscita dell'autostrada, si fermano.

Jan: Google dice che c'è un'autofficina a due chilometri, dovrebbe essere **buona**, ha **buone** recensioni.

Arrivano all'officina e sono piacevolmente sorpresi poiché il meccanico è... una giovane meccanica*.

Klaus: Buon pomeriggio, ho un problema alla moto: va più **piano** del solito.

Mec.: Salve, controlliamo **subito**. **Sicuramente** è il filtro dell'aria... se possibile lo ripulisco, altrimenti devo cambiarlo.

Klaus: Si può fare **subito**? Vorremmo proseguire per Torino, siamo partiti da Monaco stamattina.

Mec.: Devo vedere se in magazzino abbiamo i pezzi adatti. Un momento, prego.

La meccanica torna con il pezzo.

Mec.: Fra un'ora la moto è pronta.

Jan: C'è un bar qui **vicino**? Possiamo sederci **comodamente** e prendere un **buon** caffè mentre aspettiamo.

Mec.: Sì, il bar è dall'altra parte della strada. A **dopo**.

Attraversano la strada.

Klaus: Ragazzi, non mi aspettavo una meccanica. Questa vacanza sarà bellissima!

*Le donne meccanico in Italia sono ancora poche, ma sono in aumento quelle con la passione per i motori, così come le donne che *intraprendono (3)* un corso di studi legato al settore della meccanica.

Vocabolario

(1) **perdere colpi:** diventare più debole, indebolirsi (qui: la moto va sempre più lenta)

(2) **accostare:** spostarsi al lato della strada

(3) **intraprendere:** cominciare un'attività impegnativa, un lavoro

Comprensione del testo

1. Dopo la pausa in Svizzera, i ragazzi hanno ripreso il viaggio.
a. I ragazzi sono rimasti in Svizzera.
b. In Svizzera, si sono fermati di nuovo.
c. Sono ripartiti.

2. /…/ ci fermiamo brevemente sulla corsia d'emergenza.
a. Ci fermiamo a lungo perché abbiamo un problema.
b. Ci fermiamo un po' e chiediamo aiuto.
c. Ci fermiamo per poco tempo sulla parte dell'autostrada destinata ai veicoli in panne.

3. /.../ ho un problema alla moto: va più piano del solito.
a. La moto va piano quando sono solo.
b. La moto non è veloce come dovrebbe.
c. La moto è molto lenta.

L'autostrada

In Italia l'autostrada è a pagamento. Si paga il pedaggio in base alla distanza e al tipo di veicolo. Al *casello (1) d'entrata* si ritira un biglietto da un distributore automatico; se si ha il *Telepass* non occorre fermarsi, visto che l'entrata viene registrata automaticamente. All'uscita ci sono più corsie, segnalate in colori diversi:

Telepass (*cartellone (2)* giallo): è un apparecchio che si installa in auto e permette il pagamento del pedaggio senza fermarsi, con addebito sul conto corrente.

Carte (cartellone blu): si inserisce il biglietto e il Bancomat o la Carta di Credito in un apparecchio automatico. Il pagamento avviene automaticamente.

Pagamento senza casellante *(3)* (su un cartellone bianco sono disegnate banconote, monete e carte): si inserisce il biglietto e si paga con carta o contante. Si può ricevere il resto.

Contante con casellante (sul cartellone si vede una mano che tiene banconote e monete): si consegna il biglietto a un operatore e si paga in contanti.

Vocabolario

(1) **il casello:** posto di entrata e di uscita delle autostrade
(2) **il cartellone:** grande cartello stradale, anche per la pubblicità
(3) **il/la casellante:** persona che al casello riceve il pagamento

Aggettivo o avverbio?

Un aggettivo descrive una **persona** o una **cosa**. *Si accorda* al nome: maschile, femminile /singolare, plurale.

L'aggettivo ha le stesse regole del nome:
bell**o**-bell**i**/bell**a**-bell**e** | gran**de** (maschile/femminile singolare)
grand**i** (maschile/femminile plurale)

Un avverbio descrive e specifica **un verbo**, **un aggettivo** o **un altro avverbio**. È **invariabile.**

Aggettivo	Avverbio
sicur**o**(a,i,e)	sicur**A** + mente: sicuramente
Luisa è molto **sicura** di sé	**Ha risposto sicuramente** a tutte le domande.
apert**o**(a,i,e)	apert**A** + mente: apertamente
Sono **ragazzi aperti**, dicono quello che pensano.	**Parlano apertamente** dei loro problemi.
legger**o**(a,i,e)	Legger(~~A~~) + mente: **leggermente**
Preferisco **una cena leggera.**	La pressione è **leggermente alterata.**
intelligent**e**/i	intelligent**E**+mente: intelligentemente
Quelle **ragazze** sono **intelligenti**.	**Parlano intelligentemente**.
veloc**e**/i	veloc**E** + mente: velocemente
La tua **macchina** nuova è **veloce**?	Mi sono **vestita velocemente**.

Aggettivi in *-le/-re*

Dagli aggettivi che terminano in ***-le*** o ***-re*** si forma l'avverbio togliendo la **-e** finale.

Aggettivo	Avverbio
difficil**e**/i	difficil**-** + mente: difficil**m**ente
Gli esercizi sono **difficili**.	Difficil**m**ente riuscirò a venire.
specia**le**/i	special**-** + mente: specia**lm**ente
Quest**a** frutt**a** è **speciale**.	Specia**lm**ente le fragole sono ottime.
regola**re**/i	regola**r-** + mente: regola**rm**ente
I verbi **regolari** sono i più semplici.	Per imparare è meglio **studiare** regola**rm**ente, ogni giorno.
volga**re**/i	volga**r-** + mente: volgarmente
Non è bello usare parol**e** volgar**i**.	Si è rivolto volga**rm**ente all'insegnante.

Avverbi che non derivano dall'aggettivo

1. Avverbi di modo
piano: Parla **piano**, i bambini dormono.
forte: Parla più **forte**, non ti sento.
bene: Come stai? **Bene**, e tu?
male: Mi sono sentita **male**, ma ora sto bene.

2. Avverbi di tempo
ieri, oggi, domani: Ieri era domenica, **oggi** è lunedì e **domani** martedì.
prima, dopo: Prima studio e **dopo** mi riposo un po'.
presto, tardi: Mi sono alzata **presto** e non voglio tornare **tardi**.

3. Avverbi di luogo
dietro, davanti: Ti vuoi sedere **dietro** o **davanti**?
fuori, dentro: Preferisce mangiare **fuori** o **dentro**, nella sala?

sopra, **sotto**: La signora Rossi abita **sopra** o **sotto** di te?
vicino, **lontano:** Abiti **lontano**? No, sto qui **vicino**.

4. Avverbi di quantità
molto: È **molto** lontana la banca?
poco: Stamattina ho mangiato **poco**, ora ho fame.

Nota!

Molto
Usato come **aggettivo**: molt**o/a/i/e**
Usato come **avverbio**: molt**o**

Ho studiato **molto**. (avverbio) Ho letto **molti** libri. (aggettivo+nome) Ho mangiato **molte** mele. (aggettivo+nome) Erano **molto** dolci. (avverbio+aggettivo)

Buono/bene
Usato come **aggettivo**: buon**o/a/i/e**
Usato come **avverbio**: **bene**

Al ristorante abbiamo mangiato **bene**. (avverbio). C'erano **buone** cose. (aggettivo+nome)

Attività

1. Forma l'avverbio dagli aggettivi

Esempio: aperto – apertamente. È una persona aperta, parla molto apertamente.

1. Allegro	a. I bambini sono ______________________, cantano________________.
2. Chiaro	b. Ha spiegato ___________________________ e usato esempi __________.
3. Difficile	c. Quell'insegnante usa parole ______________, ____________ i bambini lo capiranno.
4. Facile	d. La soluzione era _______________, ha risolto _____________ il quiz.
5. Gradevole	e. Abbiamo conversato ________________, sono persone veramente ________________.
6. Intelligente	f. Sara ha dimostrato di essere ________________, ha risposto ______________.
7. Lungo	g. Ci ha pensato ___________ e poi ha dato una ____________ risposta.
8. Naturale	h. Preferisci acqua ___________ o gassata; ____________ , se lo desideri, c'è anche il vino.
9. Normale	i. Quando i valori del colesterolo saranno ritornati ____________, potrà ricominciare a mangiare ___________.
10. Tranquillo	j. Le bambine sono __________________, dormono ______________.

2. Inserisci *bene* o *buono*

1. Le lasagne erano molto _________________.
2. Cerca di scrivere _________________, altrimenti non posso leggere.
3. Puoi ripetere? Non ho sentito _________________.
4. La pronuncia non è ancora ________, ma scrivi già molto __________.
5. In questo negozio hanno __________________ prodotti.

3. Molto: aggettivo o avverbio?

Esempio: Il libro è **molto** lungo. Avverbio (Avv.)

1. È passato ormai **molto** tempo.__________
2. Mi dispiace **molto**, non posso. __________
3. Ieri c'era **molto** vento. __________
4. Non voglio mangiare **molto** pane. __________
5. Ogni sera torno **molto** tardi dal lavoro. __________

4. Scegli l'avverbio giusto

1. Mi alzo alle 6: **presto/tardi**.
2. Sono in macchina, accanto al guidatore: **siedo dietro/davanti.**
3. Abito nella stessa strada di Luisa: **abito lontano/vicino.**
4. Rallenta! Vai troppo **piano/forte.**
5. Lui arriva oggi, io domani: io arrivo **dopo/prima.**

05 L'ostello | Die Jugendherberge

I ragazzi hanno finalmente raggiunto Torino, si sono diretti all'ostello e sperano di trovare posto per dormire. Ci arrivano nel tardo pomeriggio. (Imp.: impiegata)

Klaus: Buona sera, avete posto per tre persone?

Imp.: Buona sera, ragazzi, Per quanto tempo? Ci sono stanze a due o quattro letti.

Tim: Avremmo pensato di *rimanere in zona (1)* per una settimana. Poi potremmo anche decidere di restare qualche giorno in più.

Imp.: Se *prolungate il soggiorno (2)* **ce lo** dovete semplicemente comunicare un giorno prima. Spesso gli ospiti si dimenticano di dir**lo** e possiamo avere difficoltà.

Jan: Non si preoccupi, eventualmente, **Glielo** comunichiamo in tempo.

Klaus: Il bagno è in camera o in comune?

Imp.: Ci sono camere con bagno proprio e altre senza. Come desiderate…

Tim: Io **la** preferirei con bagno, anche se costa un po' di più.

Klaus: Jan ed io siamo pienamente d'accordo.

Imp.: Avrei bisogno dei vostri nominativi, dei documenti e, gentilmente, di una carta di credito.

Jan: Gliela do io! **Me la** restituisce subito, vero? La colazione è inclusa nel prezzo?

Imp.: Ovviamente! Una colazione continentale a buffet. Se volete cenare, qui vicino c'è una buona trattoria, non cara. **Ve la** consiglio. **Vi ci** posso accompagnare io, conosco il proprietario.

Tim: Magari una sera **ci** andiamo insieme! Le moto? C'è un parcheggio?

Imp: Sì, qui dietro **ce n'è** uno coperto, nel cortile. Ah, qui *ci diamo tutti del tu (3)*, io sono Francesca.

Klaus: Grazie mille, Francesca! Ragazzi, intanto parcheggiamo le moto, poi andiamo nella stanza, siamo stanchi.

Imp.: Se volete passare la serata qui, c'è uno spazio comune con un televisore, una piccola biblioteca e naturalmente un banco bar. Abbiamo anche un distributore automatico, quando al bar non c'è nessuno. Se volete portare dei libri in camera, **me lo** dovete dire. Piccolo, ma carino!

Tim: *Buono a sapersi (4)*... magari una sera abbiamo voglia di riposarci...

Vocabolario

(1) **rimanere in zona:** non allontanarsi molto, restare vicini

(2) **prolungare il soggiorno:** restare più a lungo

(3) **darsi del tu** (ci diamo del tu): tra amici, usare la forma tu (darsi del Lei: con persone che non si conoscono)

(4) **buono a sapersi:** è un'ottima informazione, è utile saperlo

Comprensione del testo

1. Potremmo anche decidere di restare qualche giorno in più.
a. Forse restiamo un giorno in più.
b. Restiamo sicuramente alcuni giorni in più.
c. Vedremo se restare alcuni giorni in più.

2. Se prolungate il soggiorno /.../
a. Se volete restare più a lungo /.../
b. Se volete rimanere un giorno /.../
c. Se non volete restare a lungo/.../

3. /.../ qui ci diamo tutti del tu /.../
a. Qui siamo tutti amici.
b. Qui ti diamo tutto.
c. Qui diciamo tutto.

Torino

La città è stata la prima Capitale del Regno d'Italia (1861-1865): al tempo, era già Capitale del Regno di Sardegna, che comprendeva, oltre al Piemonte, la Valle d'Aosta, la Liguria e alcuni territori della Lombardia. È la quarta città più *popolosa (1)* d'Italia, dopo Roma, Milano e Napoli. Situata ai piedi delle Alpi, è attraversata da quattro fiumi, la Dora, lo Stura, lo Stangone e il fiume più lungo della Penisola, il Po. Sulle rive del Po si trovano alcuni parchi: il più importante è il Valentino, la cui bellezza e tranquillità invitano a rilassanti passeggiate o a *rinvigorenti (2)* giri in bicicletta.
È la città della FIAT (Fabbrica Italiana Automobili Torino), che nel secondo dopoguerra diventò simbolo della crescita economica italiana. Per molti anni Torino è stata città industriale, ma negli ultimi decenni, anche a causa del trasferimento della FIAT, si è trasformata in città turistica, ormai conosciuta e apprezzata anche *oltreconfine (3)*.

Vocabolario

(1) **popoloso/a:** che ha molti abitanti, molta popolazione.
(2) **rinvigorente:** ridà vigore, forza.
(3) **oltreconfine:** all'estero

Pronomi diretti, pronomi indiretti e pronomi combinati (indiretto e diretto)

Pronomi diretti	Pronomi indiretti	Pronomi combinati indiretto+diretto
mi	mi	me lo/me la/me li/me le
ti	ti	te lo/te la/te li/te le
lo	gli	glielo/gliela/glieli/gliele
la	le	glielo/gliela/glieli/gliele
La	Le	Glielo/Gliela/Glieli/Gliele
ci	ci	ce lo/ce la/ce li/ce le
vi	vi	ve lo/ve la/ve li/ve le
li/le	gli (...loro)	glielo/gliela/glieli/gliele

Pronomi diretti, pronomi indiretti, pronomi combinati (indiretto + diretto)

I **pronomi diretti** sostituiscono l'oggetto diretto, che si usa con i verbi a cui segue la domanda: (che) cosa? chi?

- **Cosa** compri? – Compro **la pasta**, **la** compro fresca.
- **Chi** incontrerete domani? – Incontreremo **i nostri amici**. **Li** incontriamo al ristorante.

I **pronomi indiretti** sostituiscono l'oggetto indiretto, che si usa con i verbi a cui segue la domanda: a chi?

- **A chi** telefonano? – Telefonano **a Lara**, **le** telefonano stasera.

I **pronomi combinati** sono la combinazione di indiretto+diretto:
a chi+cosa.

- Cosa scrivi **a noi**? – **Vi** scrivo la cartolina.
- A chi scrivi **la cartolina**? – **La** scrivo a voi.
- Scrivo **la cartolina (2) a voi (1)**. – **Ve (1) la (2)** (Ve la) scrivo.

Nota!

Nel combinato, il pronome indiretto cambia la -i- in -e- (mi-m**e**, ti-t**e**, ci-c**e**, vi-v**e**).

Le terze persone dell'indiretto, maschile (gli), femminile (le), di cortesia (Le) e plurale (gli), nel combinato sono tutte **glie**.

Pronomi diretti	**Pronomi indiretti**	**Pronomi combinati indiretto+diretto**
Mi chiami stasera? Sì, **ti** chiamo. Vuoi un caffè? No, oggi non **lo** prendo.	**Mi** compri il pane? Sì, certo Se vuoi, **ti** compriamo il giornale.	**Me lo** compri il pane? Sì, posso prender**telo.** Spedisci la lettera a Giulio? No, non **gliela** spedisco.
Spedite la lettera? No, non **la** spediamo.	Quando **gli** telefoni? Giorgio aspetta una risposta.	Scrivi le cartoline alla tua amica? Sì, **gliele** scrivo sempre, quando sono in vacanza.
Signora/e, quando posso chiamar**La**? Mi chiami domani.	**Le** spedisci una cartolina? Clara sarà felice.	Alla segretaria: Ho bisogno della fattura. **Me la** può preparare?
A che ora passa a prender**vi**? **Ci** viene a prendere verso le sette.	Signora, **Le** posso leggere questa lettera?	Al direttore: **Gliela** porto subito!
A chi devi dare gli appunti? **Li** devo dare a Klaus.	I nostri genitori **ci** leggono una favola prima di dormire.	Chi **vi** regala il motorino? **Ce lo** regalano i nostri genitori
Chi paga **le pizze**? **Le** paga Luca.	Quando **vi** portano i giornali? La mattina presto.	I soldi? **Ve li** restituisco presto.
Quante mele mangi? **Ne** mangio **una**/alcun**e. Non ne** mangio nessun**a.**	**Gli** offrono le pizze perché è il loro compleanno.	Danno **loro** dei consigli. **Gliene** danno **molti**.

I pronomi semplici sono già stati analizzati nel primo libro A1-A2.

Pronomi riflessivi + lo, la, li, le

Il **riflessivo** (mi, ti, si, ci, vi, si) si può combinare con il pronome oggetto diretto di terza persona, singolare e plurale (lo, la, li, le).

- Quando **ti** lavi **i denti**? **Me li** lavo* la mattina e la sera.
- E le mani? **Te le** lavi* prima di mangiare?
- A Lucia piace quel maglione, **se lo** vuole comprare* a tutti i costi.
- Mark tiene molto ai suoi capelli, **se li** pettina* in continuazione.
- La casa costa troppo, non **ce la** possiamo permettere*.
- Quei ragazzi erano proprio simpatici: **ve li** ricordate*?
- Hanno comprato le camicie? Quando **se le** mettono*?

*lavarsi, comprarsi, pettinarsi, permettersi, ricordarsi, mettersi

Pronomi riflessivi + ne

Il **pronome riflessivo** si combina anche con la particella partitiva **ne**, che indica una quantità, una parte di qualcosa o sostituisce l'oggetto che segue alcuni verbi con preposizione **di** come:

- ricordarsi di: „Ti ricordi **di** comprare il pane?" „Stai tranquillo, **me ne** ricordo."
- occuparsi di: „Chi si occupa **de**l giardino quando non ci siete?" „**Se ne** occupa un nostro vicino."

Esempi:

- **Quanti** cioccolatini posso prendermi? **Te ne** puoi prendere quanti ne vuoi. (prendersi)
- Se **me ne** ricordo, compro anche il giornale. (ricordarsi **di**)
- La casa? **Se ne** può permettere solo **una** piccola. (permettersi)
- Del giardino, **ce ne** occupiamo noi. (occuparsi **di**)
- Appena vedrete la casa, **ve ne** innamorerete sicuramente. (innamorarsi di)
- Di pane, **se ne** comprano sempre **troppo**. (comprarsi)

Pronomi riflessivi + *ci locativo*

Il **pronome riflessivo** si può combinare con la particella locativa **ci**, che indica un luogo.

indiretto + ne		**ci+diretto**	
me ne	Che belle mele! **Me ne** dai dieci?	mi ci	Devo andare alla stazione: **mi ci** porti tu o prendo l'autobus?
te ne	Vuoi ancora soldi? **Te ne** do sempre troppi.	ti ci	**Ti ci** porto io!
gliene (a lui)	**Gli** scrivi una cartolina? **Gliene** scrivo due.	ce lo	Chi porta il bambino a scuola? **Ce lo** porto io.
gliene (a lei)	**Le** scrivi una cartolina? **Gliene** scrivo due	ce la	Chi accompagna la bambina a scuola? **Ce la** accompagna suo padre.
Gliene (a Lei)	Signora/Signor Rossi, se desidera dei biglietti per lo spettacolo, **Gliene** diamo tre in omaggio.	ce La	Signora/Signor Rossi, alla stazione **ce La** accompagno io.
ce ne	Mamma, che belle favole! Perché non **ce ne** leggi un'altra?	ci ~~ci~~; **Si usa un solo *ci*!** (oggetto diretto/noi)	Chi **vi** accompagna dal dottore? **Ci** ~~ci~~ porta Mario.
ve ne	**Ve ne** leggerò un'altra domani.	vi ci	Se non sapete come andare alla stazione, **vi ci** porto io.
gliene	Quanti libri compri ai tuoi figli? **Gliene** compro alcuni.	ce li/ce le	Chi porta i/le bambini/e al circo? **Ce li/le** porta la zia.

Attività

1. Collega le frasi

1. Quando mi riporti i libri?	**a.** puoi prestar**mele**, **te le** ricompro domani.
2. Hai già detto a Luisa che non vieni?	**b. Gliela** porto subito!
3. Se non hai l'ombrello,	**c. Te li** posso ridare solo domani.
4. Non hanno capito le regole,	**d. me lo** daresti, per favore.
5. Avete scritto bene il numero?	**e. ce la** puoi prestare?
6. Ho bisogno di due uova,	**f. Ve lo** devo ripetere?
7. Abbiamo bisogno della macchina,	**g. gliele** rispiegherò.
8. Cameriere, potrebbe portarmi una forchetta pulita?	**h. Gliela** portiamo in camera, signore.
9. Non ho il tuo numero di telefono,	**i.** No, volevo dir**glielo** più tardi.
10. La valigia	**j. te lo** presto io.

1.___; 2.___; 3.___; 4.___; 5.___; 6.___; 7.___; 8.___; 9.___; 10.___.

2. Completa con i pronomi dati

gliela tene ce li ve le gliele gliene ce lo ve li me la te la mela

1. Michael non ha capito le regole dei pronomi; _____ puoi spiegare tu?
2. „Chi mi dà una mano? La macchina non parte..." „ _____ diamo noi!"
3. Ormai lo sappiamo che avete comprato la macchina nuova, _____ dite ogni giorno da una settimana...
4. „Puoi prestarmi un po' di soldi?" – „Certo, ma non posso prestar_____ molti, ne ho pochi nel portafoglio."
5. Ho bisogno della penna per firmare questo documento, puoi dar_____ tu?
6. Venite con noi a fare un giro in bici? Se non avete le biciclette, _____ diamo noi.

7. Sara e Claudia non conoscono la strada per arrivare in centro; potete indicar_____ sulla cartina?
8. I bambini hanno già mangiato troppo caramelle, non _____ do più.
9. Bella questa collana! Amore, _____ regali per il mio compleanno?
10. „Abbiamo bisogno dei libri che ti abbiamo prestato; _____ puoi riportare stasera?“ - „Stasera non posso, ma domani mattina _____ porto a scuola.

3. Completa con i riflessivi e le locuzioni ci e ne

ve li   se la   te ne   ce ne   mi ci   ce la   ci   me li   ti ci   ce lo   ce ne

1. Se Marco deve andare alla stazione, _____ posso portare io.
2. Dobbiamo lavare la macchina, io ho da fare! _____ occupi tu?
3. „Chi vi porta domani alla stazione? – „Hanno detto che _____ portano loro.“
4. „Devo andare dal dentista ma non voglio andare da sola. _____ accompagneresti tu?“
5. Le piace molto quella gonna; ha detto che _____ comprerà quando riscuoterà*.
6. „Devo andare a riprendere la macchina dal meccanico…“ – „_____ porto io!“
7. „Che bella casa si sono comprati…“ – „Noi _____ compreremo una ancora più bella, vedrai!“
8. „_____ porti tu, la bambina in piscina?“
9. „Ti lavi spesso i capelli?“ – „Sì, _____ lavo ogni due giorni“
10. „ _____ ricordate tutti i vostri compagni di scuola?“ „Non tutti, _____ ricordiamo solo alcuni.“

*riscuotere: ricevere soldi per il lavoro fatto

06 Una serata in pizzeria | Ein Abend in der Pizzeria

È sera, sono circa le 21, i tre amici sono usciti e camminano per la città. Sono molto stanchi, quindi vanno a mangiare qualcosa e poi ritornano all'ostello.

Jan: Ragazzi, cosa vogliamo fare? Potremmo andare in un locale sul Po. Sulla guida della città, ho letto che ci sono ristoranti, ma **anche** dei locali dove si ascolta la musica. **Siccome** sono stanco, non vorrei **né** fare tardi **né** bere molto, **altrimenti** non dormo.

Tim: Nemmeno io avrei intenzione di andare a dormire tardi. **Perciò** mangiamo una pizza, poi facciamo un giro, **magari** ci sediamo in un bar, beviamo qualcosa e torniamo all'ostello. Da domani possiamo fare **pure** vita notturna.

Klaus: Siccome siete i soliti *dormiglioni (1)*, con voi non si può mai fare niente. Scherzo, anch'io sono d'accordo.

Entrano in una pizzeria, si siedono e ordinano una pizza.

Klaus: Domani, per prima cosa, dovrei fare benzina. Jan, puoi passarmi la guida? Vorrei leggere qualcosa sulla Mole, domani potremmo visitarla.

Tim: Adesso prenoto subito una visita, così, **invece** di fare la fila, entriamo subito.

Hanno finito di mangiare.

Jan: Volete anche un dolce **oppure** andiamo? Io non voglio **né** dolce **né** caffè. Ho bevuto **appena** *un goccio (2)* di vino e mi gira la testa

Tim: Sono stanchissimo, **quindi** paghiamo e andiamo.

Jan: Però pago io! Tu hai già pagato le vignette e Klaus ha offerto sull'autostrada.

Escono.

Jan: Vi ricordate la strada per rientrare all'ostello?

Klaus: Certo, da qui si deve seguire questa strada, al semaforo attraversiamo, andiamo avanti per circa 500 metri, poi possiamo prendere **sia** la prima **sia** la seconda strada a sinistra. **Appena** arriviamo in fondo alla strada, svoltiamo a destra, l'ostello è sulla sinistra.

Jan: Klaus, **neanche** un computer è più preciso di te!

Vocabolario

(1) **il dormiglione/la dormigliona:** persona che dorme a lungo

(2) **un goccio:** molto poco

Comprensione del testo

1. /.../ siete i soliti dormiglioni /.../
a. Come al solito, non dormite mai.
b. Come al solito, vi piace dormire molto a lungo.
c. Come al solito, dormite poco.

2. Ho bevuto appena un goccio di vino e mi gira la testa.
a. Ho bevuto molto e mi gira la testa.
b. Ho finito adesso di bere e mi gira la testa.
c. Ho bevuto solo pochissimo e mi gira la testa.

3. Appena arriviamo in fondo alla strada, svoltiamo a destra /.../
a. Arriviamo in fondo alla strada e subito giriamo a destra.
b. Prima di arrivare in fondo alla strada, andiamo a destra.
c. Dopo l'ultima strada, andiamo a destra.

Slow Food

Tutti conoscono il Fast Food. Ma che cos'è lo Slow Food e dov'è nato?

È innanzitutto un'associazione fondata proprio in Piemonte nel 1986 da Carlo Petrini, gastronomo e sociologo. Solo tre anni dopo, Slow Food si presenta in ambito internazionale come „Movimento per *la tutela (1)* e il diritto al piacere" in contrapposizione al *dilagare (2)* del Fast Food. L'associazione coinvolge attualmente più di 160 Paesi e opera anche nel campo della formazione, con una propria casa editrice e il conferimento di un „Master in cultura del cibo e turismo *sostenibile*" *(3)*, presso l'Università delle Scienze Gastronomiche di Pollenzo, in provincia di Cuneo. L'Università forma una nuova figura, *il gastronomo,* che con le sue competenze si occupa del cibo come cultura e valorizzazione del territorio.

Vocabolario

(1) **la tutela:** protezione con leggi

(2) **dilagare:** diffondersi rapidamente, difficile da fermare

(3) **sostenibile:** che non crea problemi all'ambiente e all'uomo

Alcuni connettivi

Il connettivo mette in evidenza una relazione tra le frasi.

anche	Ci sono ristoranti ma **anche** dei disco club (ristoranti+discoclub). Tim studia **anche** l'italiano (oltre al francese).
pure (più enfasi di anche)	Da domani possiamo fare **pure** vita notturna (se volete!).
altrimenti	Non posso bere, **altrimenti** non dormo.
sennò/se no (più colloquiale di altrimenti)	Non posso bere **sennò/se no** non dormo.
appena	**Appena** arrivo a casa ti telefono (arrivo a casa e ti chiamo, **ma forse non immediatamente**).
non appena	**Non appena** arrivo a casa ti telefono (**immediatamente**, la prima cosa che faccio). **<u>Attenzione, dopo il verbo!</u>** Il bambino non si sente bene: ha mangiato **appena**! (pochissimo, quasi niente)
e	Torno a casa **e** ti chiamo.
invece	Entriamo subito, **invece** di fare la fila. Tim e Jan hanno studiato. Klaus, **invece**, ha fatto una formazione.
forse (insicurezza)	Vieni al cinema? **Forse**...
magari (più probabile)	Vieni al cinema? Oggi non posso, devo lavorare; **magari** domani. **Attenzione:** Vai in vacanza? **Magari!** Sarebbe bello (ma **non è possibile** o **molto difficile**)**!**
ma	Il libro è interessante, **ma** difficile.
però (brevissima pausa, **più enfasi** di **ma**)	Il libro è interessante, ... **però** è difficile.
neanche/ nemmeno	Non voglio il caffè, voi? **Neanche/nemmeno** noi (**come te, no**). In questo albergo non c'è **nemmeno/neanche** il wi-fi (**non** è un buon albergo).

né...né	Non vorrei **né** fare tardi **né** bere molto. Non voglio **né** dolce **né** caffè.
o	Vuoi il vino rosso **o** il vino bianco (li ho tutti e due).
oppure (brevissima pausa, più enfasi di *o*)	Vuoi il vino rosso … **oppure** il vino bianco? (il bianco devo prenderlo).
quindi (conseguenza)	Sono stanchissimo, **quindi** paghiamo e andiamo.
sia … sia **sia … che**	Possiamo prendere **sia** la prima **sia/che** la seconda strada a sinistra.

Attività

1. Trova i connettivi giusti!

1. „Stasera non ho voglia di uscire.“ – „ _______ ! Restiamo a casa.“
a. **Neanch'io** – b. **Anch'io**

2. Non so a che ora arriverò, ___________ sono a casa, ti mando un vocale.
a. **non appena** – b. **forse**

3. Non bevo __________ vino __________ birra, sono astemio!
a. **sia…sia** – b. **né…né**

4. Perché non andiamo al cinema, ________________ di stare a casa a guardare la televisione?
a. **invece** – b. **appena**

5. „Pasta o riso?“ – „Per me è lo stesso. Mi va bene __________ l'una __________ l'altro.“
a. **né…né** – b. **sia…che**

6. Non so se prendere il pesce ________________ la carne…
a. **oppure** – b. **e**

7. Preferisco andare, ________________ perdo l'autobus.
a. **pure** – b. **altrimenti**

8. Per me possiamo __________ restare a casa, se non hai voglia di uscire.
a. **però** – b. **pure**

9. Purtroppo devo andare! _______________ torno presto, te lo prometto.
a. **Invece** – b. **Però**

10. Sono felice! Stasera tornano Jan ________________ Tim.
a. **e** – b. **o**

07 Colazione in centro | Frühstücken im Stadtzentrum

La mattina dopo, i nostri tre amici escono presto, non fanno colazione all'ostello ma in una pasticceria del centro. Si siedono e, quando arriva la cameriera, le ordinano qualcosa. (Cam.: cameriera)

Cam.: Buongiorno, cosa posso portarvi?

Jan: *Ci* **consigli** Lei!

Cam.: Vi potrei portare una brioche alla crema o la crostata di albicocca, tutte e due sono nostre specialità.

Tim: Se possibile, *ci* **porti** due vassoi, uno con qualcosa di salato, uno con il dolce. E tre cappuccini.

Klaus: Ragazzi, **chiamiamo** Mark e **diciamo***gli* che siamo a Torino. Chissà come sarà invidioso!

Jan: **Telefoniamo***gli* stasera, adesso è al lavoro.

Cam.: Vi ho portato delle brioche, dei biscottini con la marmellata, delle focaccine salate e dei tramezzini.

Tim: Meraviglioso, grazie. Per pagare, ci porta il conto o paghiamo direttamente alla cassa?

Cam.: Vi lascio lo scontrino, poi pagate alla cassa.

Klaus: A che ora dobbiamo essere alla Mole?

Jan: La prenotazione è per le 11, **facciamo** colazione con calma, poi ci avviamo verso la Mole.

Finiscono di fare colazione, vanno alla cassa e pagano.

Klaus: Prima di uscire, voglio fare una foto. Tim, **famme***ne* una con Jan. Ecco il mio cellulare!

Tim: Anch'io ne voglio una con te. Jan, **scatta***cela* tu, poi ce ne facciamo una tutti insieme. Forse ce la può fare la cameriera. **Chiediamo***glielo*.

Escono.

Jan (a Klaus): Allora, computer umano, da che parte è la Mole?

Comprensione del testo

1. Ci consigli Lei.
a. Vorremmo un consiglio da lei.
b. Vorremmo un consiglio da Lei.
c. Vorremmo consigliarLe.

2. Chissà come sarà invidioso!
a. Sarà invidioso? Chi lo sa?
b. Non proverà invidia.
c. Probabilmente sarà molto invidioso.

3. /…/ facciamo colazione con calma, poi ci avviamo verso la Mole.
a. Mangiamo velocemente e andiamo alla Mole.
b. Mangiamo senza fretta, dopo cominciamo ad andare verso la Mole.
c. Mangiamo senza fretta e poi corriamo verso la Mole.

I caffè storici

Torino, città regale. Città sabauda (Sabaudia/Savoia, regione francese).

I Savoia regnarono in Italia dalla costituzione del Regno d'Italia (17 marzo 1861) fino alla proclamazione della Repubblica (2 giugno 1946). Nei caffè storici di Torino si riunivano politici, aristocratici, artisti; lì si scambiavano opinioni, discutevano degli eventi politici e culturali del tempo.
Sono locali ottocenteschi, arredati con stucchi, marmi, tappezzerie di raso e specchi.
Offrono specialità piemontesi: il già ricordato *bicerìn*, *i gianduiotti*, *il tramezzino.*

Gianduiotto: è il cioccolatino tipico di Torino. Nella prima metà dell'Ottocento, a causa dell'elevato costo del cacao, il pasticciere Pier Paul Caffarel diminuì il cioccolato nell'impasto e aggiunse le nocciole delle Langhe; creò così un cioccolatino dalla forma particolare (assomiglia a una barca rovesciata). Nel 1865, durante il Carnevale, la maschera tipica piemontese, Gianduja, distribuì questi cioccolatini durante la festa. Da quel momento in poi si chiamano *gianduiotti.*

Tramezzino: è nato in uno di quei caffè, nel 1926, quando i proprietari, tornati dall'America, iniziarono a offrire il toast, preparato con il *pancarré* (prodotto torinese) in un tostapane *acquistato (1)* proprio in America. Da qui è partita l'idea del tramezzino: pancarré tagliato a triangolo, privato della crosta, farcito inizialmente con burro e acciuga. Più tardi fu aggiunto il peperone. Erano ispirati al sandwich inglese: probabilmente il poeta D'Annunzio, in tempi di autarchia linguistica, gli dette il nome *tramezzino*: il pancarré, quadrato, veniva *tramezzato (2),* vale a dire *separato in due parti* triangolari.

Vocabolario

(1) **acquistare:** comprare

(2) **tramezzare:** separare, dividere a metà

Imperativo

L'*imperativo* è un **modo verbale** che esprime:

- un **ordine**
  La mamma al bambino: „*Fa'* i compiti, altrimenti non esci!"
- un'**esortazione** (invito, suggerimento)
  „*Andiamo* al cinema! C'è un bel film."
- una **richiesta**: „*Compra* il pane, per favore!"

	comprare	**prendere**	**offrire**	**spedire**
tu	Compr**a**! Non compr**are**!	Prend**i**! Non prend**ere**!	Offr**i**! Non offr**ire**!	Sped**isci**! Non sped**ire**!
Lei	Compr**i**! Non compri!	Prend**a**! Non prenda!	Offr**a**! Non offra!	Sped**isca**! Non spedisca!
noi	Compr**iamo**! Non compriamo!	Prend**iamo**! non prendiamo!	Offr**iamo**! Non offriamo!	Sped**iamo**! Non spediamo!
voi	Compr**ate**! Non comprate!	Prend**ete**! Non prendete!	Offrite! Non offrite!	Sped**ite**! Non spedite!

All'imperativo per il *tu negativo* si usa l'*infinito*.

Imperativo con i pronomi

L'imperativo si combina spesso **con i pronomi**. Con *tu, noi, voi* il pronome **si attacca all'imperativo**. **Solo** con *Lei* **precede l'imperativo**.

Compra **il pane**: compra**lo**!
Non prendere **i dolci al bambino**! Non prend**erglieli**!
Offra **alcuni** pasticcini ai suoi ospiti! **Gliene** offra **alcuni**!
Non spedisca **quella lettera a noi**! Non **ce la** spedisca!
Leggiamo **le favole ai bambini**! Leggiamo**gliele**!

Non andiamo **al cinema** stasera, ma domani! Non andiamo**ci** stasera!
Dopo aver cucinato, pulite **la cucina**! Pulite**la**!
Non stampate **quei documenti**! Non stampate**li**!

Verbi irregolari

andare	Esempi	dare	Esempi
Va' (Vai)*! (non andare!)	Va' *da Luca*! Va**cci**!	Da' (dai)*! (non dare!)	Da' *i libri a lui*! Da**glieli**!
Vada!	Vada al *cinema*! **Ci** vada!	Dia!	*Mi* dia *i documenti*! **Me li** dia!
Andiamo!	Andiamo *al mare*! Andiamo**ci**!	Diamo!	Diamo*le la medicina*! Diamo**gliela**!
Andate!	Andate *a teatro*! Andate**ci**!	Date!	Date *il tè agli ospiti*! Date**glielo**.

fare	Esempi	stare	Esempi
Fa' (Fai)*! (non fare!)	Fa' *la doccia*! Fa**lla**!	Sta' (stai!)* (non stare!)	Sta' a sentire *me*! **Stammi** a sentire!
Faccia!	Faccia *sport*! **Lo** faccia!	Stia!	Stia a sentire *lui*! **Lo** stia a sentire!
Facciamo!	Facciamo *i conti*! Facciamo**li**!	Stiamo!	Stiamo ancora *a Torino*! Stiamo**ci** ancora!
Fate	Fate*ci la foto*! Fate**cela**!	State!	State a sentire *l'insegnante*! State**lo** a sentire!

*Forme colloquiali, molto diffuse!

sapere	Esempi	bere	Esempi
Sappi! (Non esiste il negativo!)	Sappi *che non vengo*! Sappi**lo**!	Bevi! (non bere!)	Bevi *questa tisana*! Bevi**la**!
Sappia!	Sappia *che non voglio*! **Lo** sappia!	Beva!	Non beva *il vino*! Non **lo** beva!
Sappiamo!	Sappiamo che **lui** non **verrà**! Sappiamo**lo**!*	Beviamo!	Beviamo *poco caffè*! Beviamo**ne** *poco*!
Sappiate!	Sappiate *che l'ho chiamato*! Sappiate**lo**!	Bevete!	Bevete *quei cappuccini*! Beve**li**!

dire	Esempi	scegliere	Esempi
Di'! (non dire!)	Di**mmi** *la verità*. Dim**mela**!	Scegli! (non scegliere!)	Scegli pure *il film che vuoi*! Sceglilo pure!
Dica!	*Le* dica *il perché*! **Glielo** dica!	Scelga!	Scelga Lei *il programma*! **Lo** scelga Lei!
Diciamo!	Diciamo *a lui che andiamo*! Diciamo**glielo**!	Scegliamo!	Scegliamo *il vino*! Scegliamo**lo**!
Dite!	Dite*ci la verità*! Dite**cela**!	Scegliete!	Scegliete *qualche libro*! Sceglie**tene** *qualcuno*!

*raro, letterario: prendiamo coscienza, capiamo!

uscire	**Esempi**	**venire**	**Esempi**
Esci! (non uscire!)	Esci *con lui*! Esci**ci**!*	Vieni! (non venire)	Vieni *qui* più spesso! Vieni**ci** più spesso!
Esca!	Non esca *con loro*! Non **ci** esca!	Venga!	Venga *in ufficio* domani! **Ci** venga domani!
Usciamo!	Non usciamo *con quei ragazzi*! Non uscia-mo**ci**!	Veniamo!	Veniamo**ci** do-mani!**
Uscite!	Uscite**ci**, sono simpatici!	Venite!	Venite *al mare*! Venite**ci**!

*ci=con qualcuno (Con Paolo? Ci sono uscita ieri!) Il verbo *uscire* si può combinare solo con il *ci* (=con qualcuno) e *ne* (=uscire da), che si usa raramente. (Luisa è stata dal dottore, *ne* è uscita adesso)
**Davanti al cinema: "Guarda, è uscito il nuovo film, andiamo?" "Veniamoci domani, oggi non ho tempo!"

Come venire: tenere (anche: teniamo! Attenzione: ten**e**te)

essere	**Esempi**	**avere**	**Esempi**
Sii! (non essere)	Sii gentile con la nonna! Non essere scortese!	Abbi! (non avere)	Abbi pazienza! Non avere *fretta!*
Sia!	Sia gentile, mi aiuti!	Abbia!	Abbia un po' di pazienza! Il dottore arriva subito.
Siamo!	Siamo *pazienti (1)* con lui!	Abbiamo!	Non abbiamo fretta *(3)!*
Siate!	Non siate *scor-tesi (2)!*	Abbiate!	Abbiate pa-zienza!

Vocabolario

(1) **paziente/i:** con pazienza

(2) **scortese/i:** non gentile/i

(3) **la fretta:** andare velocemente, quando non hai tempo (Scusa, sono in ritardo, ho fretta, il negozio sta per chiudere!)

Attività

1. Collega le frasi

1. Se sei stanco	**a.** *pulisci* i vetri e *passa* l'aspirapolvere.
2. Bambini, prima di giocare	**b.** *Vada* sempre dritto, all'edicola *giri* a sinistra e poi *proceda* per 100 metri…
3. Chi ha rotto questo vaso?	**c.** *tenete* fermo il cane, per favore! Abbiamo paura.
4. Posso farLe una domanda?	**d.** Ma certo, *dica* pure!
5. Scusi, per la stazione?	**e.** Sei stato tu, Luca? *Di'* la verità!
6. Quando veniamo da voi,	**f.** *compra* il giornale e *spedisci* questa lettera!
7. Se ho tempo, passo a trovarti…	**g.** Non andare fuori, *sta'* in casa e *accendi* il caminetto.
8. È freddo!	**h.** *Vieni* pure quando vuoi!
9. Visto che stai a casa e non lavori,	**i.** *fate* i compiti e *mettete* in ordine la vostra stanza.
10. Se esci,	**j.** *cerca* di dormire un po', *va'* a letto presto.

1.___; 2.___; 3.___; 4.___; 5.___; 6.___; 7.___; 8.___; 9.___; 10.___.

2. Segui il modello

Esempio:

Se **ti** piace, compra**ti il vestito**. Se **ti** piace, compra**telo**! Non comprar**telo**!	Se **Le** piace, **si** compri **il vestito**! Se **Le** piace, **se lo** compri! Non **se lo** compri.

1. Se vai alla posta, spedisci **le lettere**! Se vai alla posta, ________________. Non ______________________________	a. Se va alla posta, spedisca **i pacchi**! Se va alla posta, ________________ . Non ______________________________
2. Compra **i giocattoli ai bambini**! ______________________________ Non ________________________	b. Compri **le matite ai bambini**! ______________________________ Non ______________________________
3. Scrivete **alcune** cartoline **a me**! ______________________________ Non ________________________ più!	c. Scriva **tante cartoline a me**! ______________________________ Non ______________________________più!
4. Leggi **la favola a tuo figlio**! ______________________________ Non ______________________________	d. Legga **il racconto** a **Sua figlia**! ______________________________ Non ______________________________
5. Mangiamo **le lasagne**, sono buone! ______________________________ Non ________________non sono buone!	e. Mangi **la pasta**, è buona! __________________________ Non __________________________ non è buona!

3. Segui il modello

Esempi:
1. Andare **in gelateria** con gli amici. (tu) **a.** Va' in gelateria con gli amici! **b.** Vacci con gli amici!
2. *Dire* **a lui la verità.** (Lei) **a. Di'** a lui la verità! **b.** Di**gliela**!
3. *Bere* **il tè.** (Non/tu) **a. Non** bere il tè! **b. Non** ber**lo**!

1. *Dare* (tu) **a noi la bottiglia**:
a.
b.

2. *Scegliere* (Lei) **due libri** tra questi:
a.
b.

3. *Andare* (non/tu) **al ristorante**:
a.
b.

4. *Sapere* (voi) **che non vengo**:
a.
b.

5. *Fare* (tu) **a noi la foto**:
a.
b.

08 In fila per la Mole | In der Schlange vor der Mole

Usciti dal bar, i tre si sono incamminati verso la Mole. La prenotazione è per le 10:30. Sembrava vicina, ma ci hanno messo quasi mezz'ora ad arrivare. (Imp.: impiegata)

Tim: *Meno male (1)* che siamo partiti per tempo, sembrava più vicina. Guardate che fila, per fortuna abbiamo prenotato. E siamo comunque un po' *in anticipo (2)*.

Jan: Ci sono due file… **credo che** la nostra **sia** quella a sinistra, è la più corta e veloce.

Klaus: Aspettate, vado a chiedere.

Va verso l'entrata.

Klaus: Buongiorno, mi scusi, **non sappiamo** quale **sia** la fila per chi ha già il biglietto…

Imp.: Quella esterna. A che ora avete l'appuntamento?

Klaus: Fra dieci minuti.

Imp.: Dubito che **possiate** entrare in orario. Dobbiamo **aspettare che scendano** alcuni visitatori.

Klaus torna dagli altri.

Klaus: C'è un ritardo, **speriamo che si possa** entrare prima delle 11. Mi hanno detto che prima devono uscire alcuni visitatori.

Jan: Mi pare che qualcuno **esca**. **Sembra** che la fila **cominci** a *scorrere (3)*.

Tim: Sì, ci muoviamo. **Speriamo** di **poter entrare** velocemente.

Klaus: Mi auguro proprio **che ci facciano** entrare! Siamo stati fortunati.

Jan: C'è anche il sole: **non vedo l'ora di essere** lassù.

Vocabolario

(1) **meno male:** per fortuna
(2) **in anticipo:** prima del tempo previsto, contrario di *in ritardo*
(3) **scorrere:** muoversi su una superficie tracciata, es. una strada

Comprensione del testo

1. /.../ i tre si sono incamminati verso la Mole
a. Sono andati sulla Mole
b. Hanno camminato in direzione della Mole
c. Hanno cominciato a camminare in direzione della Mole

2. Meno male che siamo partiti in tempo.
a. Abbiamo fatto male a non partire in tempo.
b. Per fortuna siamo partiti sufficientemente presto.
c. Per fortuna siamo partiti velocemente.

3. Sembra che la fila cominci a scorrere.
a. Probabilmente la fila comincia a muoversi.
b. Probabilmente dobbiamo correre all'inizio della fila.
c. Probabilmente le persone in fila corrono.

La *Mole (1)* Antonelliana

La *Mole (1)* è il simbolo di Torino. Era stata commissionata nel 1863 dalla Comunità ebraica di Torino all'architetto Alessandro Antonelli (da qui il nome) ed era destinata a diventare un tempio, con all'interno anche una scuola. In circa sei anni la costruzione raggiunse i 70 metri, ma a quel punto, visti i costi della costruzione, la Comunità Ebraica decise di vendere la struttura alla città di Torino e di costruire una sinagoga in un altro quartiere. La costruzione proseguì e Antonelli aggiunse un nuovo piano, il *Tempietto*, a 90 metri d'altezza. Poco prima di morire, aggiunse la guglia che completò con la statua del *Genio Alato*, il simbolo dei Savoia. Il figlio di Antonelli proseguì i lavori e li ultimò nel 1889. Alla fine, con 167 metri d'altezza, divenne la costruzione in muratura più alta in Italia, in Europa e nel mondo. E questo per molto tempo. A causa delle condizioni meteorologiche è stata più volte modificata: il *Genio Alato* è stato sostituito da una stella a dodici punte e nel 1960 fu costruita una nuova guglia, dopo che la prima era stata abbattuta da un temporale. I lavori di ristrutturazione sono stati terminati nel 1961, anno delle celebrazioni del centenario dell'Unità d'Italia. Nel 1964 è stato aggiunto l'ascensore panoramico all'interno. Prima di allora, per raggiungere la cima, si dovevano salire 580 scalini.

Vocabolario

(1) **la mole:** costruzione monumentale notevolmente imponente. Indica qualcosa di molto grande e pesante.

Congiuntivo

Il **congiuntivo** è un **modo verbale** che si usa in frasi dipendenti da un verbo che esprime **un'enunciazione legata al proprio pensiero**, quindi **non assoluta**. Il parlante vuole immediatamente informare l'ascoltatore che si tratta di una sua opinione, speranza, volontà, insicurezza, un suo desiderio, dubbio, sentimento... C'è la possibilità di un confronto.

Il modo verbale **si chiama congiuntivo** perché è generalmente **introdotto dalla congiunzione *che*** (speriamo *che*, dubito *che*) o *se* (si chiedono *se*, non sa *se*…)

Anche alcune espressioni impersonali richiedono il congiuntivo, poiché hanno una connotazione personale (mi dispiace *che*, bisogna *che*…)

- **Opinione** personale: **pensano** *che*, **crediamo** *che*, **suppongono** *che*, **ritengo** *che*…
- **Speranza**: **sperano** *che*, **ci auguriamo** *che*, **non vedo l'ora** *che*…
- **Volontà**: **vogliamo** *che*, **esigo** *che*, **chiede** *che*, **pretendono** *che*…
- **Desiderio**: **desideri** *che*, **non vedo l'ora** *che*, **preferisco** *che*, **(si) aspettano** *che*…
- **Dubbio/insicurezza**: **dubitiamo** *che*, **non sono sicuro/a** *che*, **non sono convinto/a** *che*, **non sappiamo** *se*, **non capisco** *che (cosa)/se*,* **mi chiedo** *se*…
- **Stato d'animo/sentimento**: **ha paura/teme** *che*, **sono contento/a, sono felice** *che*…
- **Espressioni impersonali**: **bisogna** *che*, **è meglio** *che*, **mi dispiace** *che*, **può darsi** *che*, **mi (ti, gli/le, ci, vi, gli) sembra** *che*…

*Non capiamo ***che*** cosa succed**a**/**stia** succedendo.
Non capisco ***se*** lei parli italiano o spagnolo.

Congiuntivo presente

Il *congiuntivo presente* esprime *contemporaneità* o *posteriorità*: **il verbo della frase indipendente** è al ***presente indicativo*** (credo che, dubitiamo che, non sanno se…) e indica che l'azione *avviene adesso*; nella **frase dipendente** si usa il ***congiuntivo presente***: indica che l'azione *avviene adesso* (nello stesso momento) o *avverrà in un prossimo futuro* (dopo).

	-are parlare	-ere scendere	-ire partire	-ire finire
io	parl**i** **(-i)**	scend**a** **(-a)**	part**a** **(-a)**	fin**isc**a **(-isca)**
tu	parl**i** **(-i)**	scend**a** **(-a)**	part**a** **(-a)**	fin**isc**a **(-isca)**
lui/lei/Lei	parl**i** **(-i)**	scend**a** **(-a)**	part**a** **(-a)**	fin**isc**a **(-isca)**
noi	parl**iamo** **(-iamo)**	scend**iamo** **(-iamo)**	part**iamo** **(-iamo)**	finiamo **(-iamo)**
voi	parl**iate** **(-iate)**	scend**iate** **(-iate)**	part**iate** **(-iate)**	finiate **(-iate)**
loro	parl**ino** **(-ino)**	scend**ano** **(-ano)**	part**ano** **(-ano)**	fin**isc**ano **(-iscano)**

- **Credo che** domani Mario **parli** con il professore per risolvere quel problema.
- **Aspettiamo che scendano** gli altri prima di salire sull'autobus.
- **Non sono sicuro che partano** subito. Prima di partire, **vogliono che** i loro figli **finiscano** la scuola.

Essere e avere

essere	avere
sia	abbia
sia	abbia
sia	abbia
siamo	abbiamo
siate	abbiate
siano	abbiano

- **Penso** che **siate** in torto (essere in torto: non avere ragione).
- **Dubito che** voi **abbiate** ragione.

Altri verbi irregolari

	potere	**volere**	**dovere**	**dare**
io	*poss*a	*vogli*a	*debb*a	*di*a
tu	poss**a**	voglia	debba	dia
lui/lei/Lei	poss**a**	voglia	debba	dia
noi	poss**iamo**	vogliamo	dobbiamo	diamo
voi	poss**iate**	vogliate	dobbiate	diate
loro	poss**ano**	vogliano	debbano	diano

- **Sono felice che possiate** venire.
- **Temo che** non **vogliano** venire con noi.
- **Pensiamo che debba** lavorare. Per questo non è venuto.
- **Mi auguro che** tu **dia** l'esame. Ma **non sono sicura che riesca** a superarlo. Devi studiare di più!

	fare	**sapere**	**preferire**	**rimanere**
io	*facci*a	*sapp*ia	prefer*isc*a	riman*g*a
tu	faccia	sappia	prefer*isc*a	riman*g*a
lui/lei/Lei	faccia	sappia	prefer*isc*a	riman*g*a
noi	facciamo	sappiamo	preferiamo	rimaniamo
voi	facciate	sappiate	preferiate	rimaniate
loro	facciano	sappiano	prefer*isc*ano	riman*g*ano

- **Mi sembra che** la mattina non **facciano** colazione. Hanno sempre fame!
- **Non sono convinta che** lui **sappia** dov'è la festa. Non c'è mai stato!
- **Pensiamo che preferiate** la pasta alla carne, vero?
- **Non vogliamo che** tu **rimanga** sola a casa. Vieni con noi al mare!

	salire	andare	venire	uscire	stare
io	sal*g*a	*va*da	ven*g*a	*e*sca	st*i*a
tu	sal*g*a	*va*da	ven*g*a	*e*sca	st*i*a
lui/lei/Lei	sal*g*a	*va*da	ven*g*a	*e*sca	st*i*a
noi	saliamo	andiamo	veniamo	usciamo	stiamo
voi	saliate	andiate	veniate	usciate	stiate
loro	sal*g*ano	*va*dano	ven*g*ano	*e*scano	st*i*ano

- **Non sappiamo se** lei **salga** alla prima fermata. **Può darsi che prenda** l'autobus alla fermata successiva.
- **Sono contenta che andiate** in vacanza. So che siete molto stanchi.
- **Mi dispiace che** lei non **venga**, purtroppo non si sente bene.
- **Credete che** Sara **esca** non loro?
- Non li vedo da molti giorni. **Spero che stiano** bene.

Nota!

Il *congiuntivo* si usa quando il **soggetto della frase indipendente** (ci sembra che, pretendete che, sono contenti/e che…) è **diverso** da quello che compie l'azione nella frase dipendente:

- **Siamo contenti** *(noi)* che **veniate** *(voi)* anche voi.

Quando il **soggetto della frase indipendente** è **uguale** a quello che compie l'azione nella frase dipendente, allora si usa il **verbo coniugato + di + infinito**:

- **Siamo contenti** *di venire* con voi.
  noi siamo contenti; **noi** veniamo con voi

Soggetti diversi	Stesso soggetto
Speriamo *che* **i ragazzi** *possano* entrare velocemente.	**Speriamo** *di* **poter entrare** velocemente. (noi-noi)
Non **vedo** l'ora *che* **loro** *tornino* da noi.	**Non vedo l'ora** *di* **tornare** da voi. (io-io)
Non **credono** *che* **lui** *vada* con loro.	**Non credono** *di* **andare** con lui. (loro-loro)
Sieti contenti *che* **i vostri amici** *vengano*?	**Siete contenti** *di* **venire** da noi? (voi-voi)

Attività

1. Dall'indicativo al congiuntivo

Esempio: Forse loro **tornano** domani. Penso che **tornino** domani.

1. Probabilmente *stanno* organizzando un viaggio in Italia.
Sembra che ____________________________________
2. Dicono che *vanno* a Torino.
Penso che ____________________________________
3. Forse Klaus *vuole* anche visitare Venezia.
Credo che Klaus ____________________________________
4. Per Jan *è* importante anche la storia del Paese.
Mi sembra che per Jan ________________________________
5. A Tim *fa* piacere anche conoscere qualche ragazza…
Penso che a Tim ____________________________________
6. Tutti e tre *vanno* molto d'accordo e *viaggiano* spesso insieme.
Mi sembra che ____
7. *Escono* spesso insieme
Suppongo che ____
8. *Si conoscono* da sempre e *si vogliono* bene.
Credo che ____
9. Secondo me *si divertono* molto durante i loro viaggi.
Ho l'impressione che ________________________________
10. E per voi *è* una buona idea andare a Torino?
E voi ritenete che ____________________________________

2. Di o che?

1. Klaus spera ___ i suoi amici (avere) ________________ tempo per il viaggio.
Lui crede ___ (riuscire) ________________ ad avere un paio di settimane di ferie, sembra ___ il suo capo (essere) ________________ d'accordo.
2. A Sara sembra ___ non (guadagnare) ________________ troppo. Per questo desidera ___ i suoi amici la (aiutare) ________________ a trovare un altro lavoro. Se guadagna di più, pensa ___ (potersi) ________________ permettere un nuovo appartamento.
3. I ragazzi credono ___ (laurearsi) ________________ l'anno prossimo. I loro genitori, però, desiderano ___ (studiare) ________________ di più e ___ (laurarsi) ________________ prima possibile.

09 Dall'alto e all'interno | Von oben und im Inneren

I ragazzi sono saliti sull'ascensore che, in meno di un minuto, li ha portati in cima alla Mole. Adesso *si godono (1)* un magnifico panorama sulla città.

Jan: Mamma mia, da qui c'è una vista eccezionale. **Credo che sia** il panorama più bello che **abbia** mai **visto**.

Tim: Anche **secondo*** **me è** bellissimo! Ed **è una fortuna che** oggi **sia** una così bella giornata. **Sembra che** qualche giorno fa **ci sia stato** molto vento; mi ha detto Francesca che era nuvoloso e **non penso che** le nuvole **permettano** di godere di una vista così bella.

Klaus: Guardate che meraviglia le Alpi! Quello dovrebbe essere il Monviso... vorrei vedere *la sorgente (2)* del fiume Po, il fiume più lungo d'Italia. ***Forse**** **possiamo** andarci nei prossimi giorni.

Tim: Speriamo di avere tempo... e **che** il tempo **rimanga** buono. Là si vede la Basilica di Superga, anche quella dovremmo visitarla, e quello è lo stadio di Torino.

Jan: Da qualche parte ho letto che il Torino è la squadra più antica d'Italia.

Tim: Sì, ma quello che si vede da qui è lo stadio dell'altra squadra della città, la Juventus. **Mi sembra che** la Juventus **abbia vinto** più scudetti del Torino.

Klaus: Ragazzi, adesso scendiamo e visitiamo il Museo del Cinema. ***Sono sicuro che*** **sarà** molto interessante. ***So che*** **offre** tantissime informazioni sulla storia del cinema.

Dopo la visita i ragazzi sono entusiasti.

Jan: Vi è piaciuta la visita? Ho imparato tante cose sul cinema, non sapevo molto della sua storia.

Tim: Già! **Sono felice che ci sia stata** la possibilità di scoprire la storia del cinema, dai primi esperimenti agli effetti speciali.

Klaus: Ragazzi, dopo tanto sapere… che ne dite di andare a mangiare?

**Secondo me* (te,lui/lei,noi,voi,loro)/*forse* non vogliono il congiuntivo. Anche se significano opinione e incertezza, non esprimono la necessità di un confronto (in quel momento, non mi interessa quello che l'altro pensa.)

Vocabolario

(1) **godersi qualcosa:** vivere qualcosa con gioia
(2) **la sorgente:** il punto da cui nasce un fiume

Comprensione del testo

1. Adesso si godono un magnifico panorama sulla città.
a. Discutono del panorama e dicono che è magnifico.
b. Guardano con moltissimo piacere il panorama.
c. Non sono interessati al magnifico panorama.

2. Vorrei vedere la sorgente del fiume Po.
a. Mi piacerebbe vedere dove nasce il fiume.
b. Vedrei volentieri dove finisce il fiume.
c. Vorrei vedere l'acqua del fiume.

3. Dopo la visita i ragazzi sono entusiasti.
a. Hanno visitato il museo e sono delusi.
b. Hanno visitato il museo e non sono contenti.
c. Hanno visitato il museo e sono contentissimi.

Il Museo Nazionale del Cinema

È situato all'interno della Mole. Dall'ascensore che sale al Tempietto si ha una prima panoramica sulle varie aree espositive. La successiva visita offre poi la possibilità di conoscere la storia del cinema dai suoi *albori (1)* ai giorni nostri, attraverso l'esposizione di reperti storici, proiezioni e fotografie. Si possono sperimentare personalmente il teatro delle ombre e le lanterne magiche, i *prodromi (2)* del cinema, e approfondire la conoscenza della fotografia e del cinema stesso. Il Museo organizza anche mostre temporanee.

Vocabolario

(1) **gli albori:** gli inizi di un'epoca

(2) **i prodromi**: segni che precedono il venire di qualcosa

Congiuntivo passato

Il **congiuntivo passato** esprime **<u>anteriorità</u>**: **il verbo della frase indipendente** è al **presente indicativo** (spero che, chiedono che, mi dispiace che…) e indica che **<u>l'azione avviene adesso</u>**; nella **frase dipendente** si usa il **congiuntivo passato**: indica che l'azione è *avvenuta precedentemente.* (prima)

Congiuntivo presente	Congiuntivo passato
Cosa **mangia** Claudia? **Credo** che **prenda** la pasta. Quando tornano? **Dubito** che **tornino** prima di domani.	Cosa **ha mangiato** Claudia? **Credo** che **abbia preso** la pasta. Sono tornati? **Dubito** che **siano tornati**.

Stesso soggetto (presente)	Stesso soggetto (passato)
Oggi ho l'esame: **spero di superarlo**.	Oggi vado a prendere il risultato dell'esame: **spero di averlo superato**.
Pensiamo di salire in cima alla Mole.	**Pensiamo di essere saliti** sulla Mole quando eravamo piccoli, ma non ce ne ricordiamo.

Il **congiuntivo passato** si forma con l'ausiliare *essere* o *avere* al congiuntivo presente + il *participio passato* del verbo.

	essere + participio passato	avere + participio passato
io	sia tornato/a	abbia preso
tu	sia tornato/a	abbia preso
lui/lei/Lei	sia tornato/a	abbia preso
noi	siamo tornati/e	abbiamo preso
voi	siate tornati/e	abbiate preso
loro	siano tornati/e	abbiano preso

- „Come sono andati a Berlino?" „*Spero* che **abbiano preso** l'aereo, altrimenti ci mettono troppo tempo."
- *Pensiamo che* Luisa **sia** già **tornata**, ma non l'abbiamo ancora sentita.

Indicativo o congiuntivo

Con verbi ed espressioni che indicano **sicurezza** - *capire, sapere, essere sicuro/a che* - si usa l'**indicativo** quando sono alla **forma positiva**. Quando invece sono alla **forma negativa** (*non* capisco, *non* sappiamo, *non* sono sicuro/a se/che) si usa il **congiuntivo**, perché esprimono **insicurezza**.

Il verbo *dire* si usa con l'**indicativo** quando esprime l'**affermazione di un preciso soggetto** (io, tu, lui/lei/Lei, noi, voi, loro); quando esprime **una voce** (una notizia che non ha conferma) si usa il **congiuntivo**, poiché esprime **insicurezza**.

Indicativo	Congiuntivo
Capisco che lui **è** in difficoltà!	***Non*** **capisco** ***se*** lui **sia** in difficoltà!
Capiscono **<u>cosa</u> hai detto**.	**Non capiscono <u>cosa</u> significhi** quella parola.
So che loro sono stati in America.	***Non*** **so** ***se*** siano stati in America.
Sono sicuro/a che lei **ha capito**.	***Non*** **sono sicura** ***che*** **abbia capito.**
Loro dicono che tu ti trasferisci (gli amici mi hanno informato).	**Si dice che/dicono che** ti trasferisca. (non si sa chi/la gente; non si può stabilire la sicurezza)

Attività

1. Congiuntivo: dal presente al passato

Esempio:
io parta – io <u>sia partito/a</u>
voi possiate – voi <u>abbiate potuto</u>

io faccia:	tu tenga:	lei torni:
voi stiate:	loro vadano:	lui apra:
noi siamo:	io esca:	voi capiate:
lui voglia:	tu sappia:	loro possano:
lei dica:	loro bevano:	io abbia:

2. Congiuntivo presente o passato?

1. Sai se sono già partiti? Non ne sono sicura ma penso che (andare via) ________________ la prossima settimana.
2. Credete che lui (essere) ________________ ancora a casa? Non so se (leggere) ________________ già il messaggio che gli ho spedito ieri.
3. Dubito che tu (superare) ________________ l'esame di domani. Mi sembra che non (studiare) ________________ abbastanza.
4. Non sono convita che ieri tu (pulire) ________________ il bagno: ho trovato dei capelli a terra. Non è giusto che (dovere) ________________ farlo sempre io!
5. Mi sembra che voi non (capire) ________________ quello che ho detto. Credo che (essere) ________________ meglio che io (ripetere) ________________ tutto, in modo che tutti (comprendere) ________________.
6. Siamo felici che loro (potere) ________________ venire il mese scorso e (rimanere) ________________ da noi una settimana. Mi auguro che (riuscire) ________________ a tornare presto.
7. Mi dispiace che voi (avere) ________________ quell'incidente; spero che (riprendersi) ________________ al più presto, in modo che (potere) ________________ ricominciare a lavorare.
8. Non sappiamo se lei (venire) ________________ stasera; temo che (offendersi) ________________ ieri quando Michele le ha detto quella cosa.
9. Stamattina ho trovato la macchina graffiata. Mi chiedo se il vicino (urtare (1)________________ la fiancata durante la manovra di parcheggio. Purtroppo, è già andato via e credo che non (ritornare) ________________ prima di domani sera.
10. Credo che la settimana scorsa Lara (chiedere) ________________ la ricetta di quelle lasagne speciali a sua madre. *Quasi quasi* (2) me la faccio dare, in modo che le mie sorelle (potere)________ cucinarle il prossimo fine settimana.

Vocabolario

(1) **urtare:** sbattere contro qualcosa

(2) **quasi quasi:** devo riflettere brevemente ma sono quasi sicura di farlo. È una sicurezza quasi al 100%!

10 In moto sul colle | Motorradfahren auf dem Hügel

I ragazzi hanno visitato la Mole, sono saliti *fino in cima (1)* e hanno visto Torino dall'alto. Dopo un piccolo *spuntino (2)*, sono ritornati all'ostello per prendere le moto e andare a Superga.

Klaus: La città **l'**abbiamo vist**a** dalla Mole, da qui **la** vediamo da un'altra prospettiva. Siamo completamente *immersi nella natura.* (3) Entriamo nella Basilica e saliamo sulla Cupola, da lì il panorama è sicuramente ancora più imponente.

Tim: Intanto pensiamo ai biglietti; dopo che **li** avremo comprat**i**, faremo una passeggiata intorno alla Basilica, deve essere un percorso interessante.

Tim va a comprare i biglietti.

Jan: Sul colle ci sono numerosi itinerari panoramici e la zona è ricca di boschi con una fauna e una flora molto particolari. **Me l'**ha detto Francesca, quando siamo andati a prendere le moto. **Le** ho fatto un paio di domande…

Klaus: Ecco Tim, andiamo. Hai i biglietti? Hai chiesto fino a che ora è possibile visitare la Basilica e la Cupola?

Tim: Sì, **li** ho pres**i**, la Basilica è aperta fino alle 18:00, per la Cupola l'ultimo ingresso è alle 18:45. Abbiamo abbastanza tempo, sono solo le 15:00.

Jan: C'è una guida?

Tim: Non **gliel'**ho chiest**o**. **Glielo** domanderemo quando entriamo.

Dopo la visita della Basilica salgono sulla Cupola.

Tim: Uff! 131 scalini… ma ***ne*** *è vals**a** la pena*! *(4)* Questa vista **ce la** ricorderemo, è bellissima!

Klaus: Adesso scendiamo e, prima di tornare in città, aspettiamo il tramonto. Credo che da qui sia bellissimo.

Vocabolario

(1) **fino in cima:** fino al punto più alto

(2) **lo spuntino:** mangiare qualcosa di piccolo se si ha fame tra i pasti

(3) **immersi nella natura:** circondati dalla natura

(4) **ne vale la pena!** il risultato è molto positivo, anche se è faticoso

Comprensione del testo

1. Dopo un piccolo spuntino, sono ritornati all'ostello /…/.
a. Hanno fatto un giro e sono ritornati all'ostello.
b. Sono ritornati all'ostello, dopo un po' di shopping.
c. Hanno mangiato qualcosa di veloce e sono ritornati all'ostello.

2. Siamo completamente immersi nella natura.
a. Intorno a noi c'è solo natura.
b. Intorno a noi non c'è molta natura.
c. Siamo molto lontani dalla natura.

3. Uff! 131 scalini… ma ne è valsa la pena.
a. Abbiamo fatto fatica a salire e non possiamo vedere nulla.
b. Abbiamo fatto fatica a salire e ci fanno male le gambe.
c. Abbiamo fatto fatica a salire e siamo felici di averlo fatto.

Superga

Con i suoi 672 metri è uno dei colli più alti di Torino. Oltre alla presenza di boschi, prati e vigneti, il colle ospita una magnifica Basilica, fatta costruire da Vittorio Amedeo II, sovrano dello Stato Sabaudo, in seguito a un voto, dopo la vittoria sugli assedianti francesi. Filippo Juvarra venne incaricato di costruire l'imponente edificio, che si arricchì di decorazioni in stucco e marmo, e di pitture e sculture di famosi artisti del tempo. Fu realizzata dal 1717 al 1731. Nei sotterranei della Basilica si trovano le tombe dei Savoia. Dalla cupola si gode un fantastico panorama della città, con vista sul Gran Paradiso, il Cervino, il Monviso e il Monte Rosa.
Oltre alla Basilica si può visitare il monumento commemorativo del *Grande Torino*: il 4 maggio 1949, a causa del maltempo, un aereo si schiantò proprio su Superga. Sull'aereo viaggiava l'intera squadra del Torino e nell'incidente morirono tutti i giocatori. Era la squadra italiana più forte del momento. Per arrivare alla Basilica ci sono varie possibilità:

- a piedi, attraverso sentieri segnalati
- con la tranvia storica, che i torinesi chiamano *la dentiera (1)*, è ancora dotata delle vetture originali del 1934
- in autobus
- in auto/in moto.

Vocabolario

(1) **la dentiera:** protesi che sostituisce i denti

Pronomi con tempi semplici e con tempi composti

Con i **tempi semplici** (presente, imperfetto, futuro semplice, condizionale presente, congiuntivo presente e imperfetto) i pronomi si usano *prima* del *verbo* coniugato o *si possono attaccare* all'infinito (se c'è un verbo modale).

Con i **tempi composti** (passato prossimo, trapassato prossimo, futuro anteriore, condizionale passato, congiuntivo passato e trapassato) *precedono l'ausiliare avere* o *si possono attaccare all'infinito* (se c'è un verbo modale).

Pronomi diretti e *ne*

Sostituiscono l'**oggetto diretto** e sono *direttamente* legati al verbo.
Con i **pronomi diretti** e il **ne**:

- i *tempi semplici* rimangono ***invariati*** (non c'è l'accordo)
- i *tempi composti* **modificano** la desinenza del participio, in base al **genere** (*maschile e femminile*) e al **numero** (*singolare e plurale*).

Bello quel maglione. **Lo** compro!
Sara? **La** incontrerò domani.

I panini **li** devo prendere?
I panini devo prender**li**?

Non mi piacciono le lasagne, non **le** prendo.
Mi piacciono i film d'azione. **Ne** vedo almeno **uno** al mese.

Adoro le ciliegie! **Ne** mangio sempre **molte**.

Gianni: **Mi** chiami stasera?
Lara: No, **ti** chiamo domani.
Gianni: Chi **ti** porta a scuola?
Lara: **Mi** accompagna Tim.
Gianni e Roberto, chi **vi** porta a scuola?
Ci accompagna lui. (*solo uomini*)

Luisa e Mario, chi **vi** accompagna?
Ci accompagna mia madre.
(*una donna+un uomo/misti*)

Clara e Maria, chi **vi** porta a casa?
Ci portano loro. (*solo donne*)

L'hai comprat**o** il maglione?
Hai visto Sara? Sì, **l'**ho incontrat**a** ieri.
Non **li** ho volut**i** prendere, perché non mi piacevano.
Non ho voluto prender**li**.
Anche le ragazze erano in discoteca. **Le** avete vist**e?**
Non mi sono mai piaciuti i film gialli. Non **ne** ho mai vist**o** **uno** completo.
Adoro le ciliegie! Ma **ne** ho mangiat**e** **troppe**, adesso ho mal di pancia.
Gianni: **Mi** hai chiamat**o** tu?
Lara: No, **ti** ha chiamat**o** Sara.
Gianni: Chi **ti** ha portat**a**?
Lara: **Mi** ha accompagnat**a** Tim.
Gianni e Roberto, chi vi ha accompagnat**i**?
Ci ha portat**i** lui.

Luisa e Mario, chi **vi** ha portat**i**?
Ci ha accompagnat**i** mio padre.

Clara e Maria, chi **vi** ha portat**e** alla stazione?
Ci ha portat**e** nostro fratello.

Nota!

- Si apostrofa solo il pronome **lo, la>l'**! **Mai** l'apostrofo a **li/le**.
- **Nella lingua colloquiale**, con i pronomi *mi, ti, ci, vi* si può usare il verbo senza accordo (è chiaro che la persona/le persone con cui si parla sanno se è maschile o femminile, singolare o plurale. È un discorso diretto!)

Esempi:

- **Mi** hai chiamat**o/a**?>**Mi** hai chiamat**o**? (m./f. sing.)
- **Ti** ho chiamat**o/a**. > **Ti** ho chiamat**o**.
- **Ci** avete chiamat**i/e**?>**Ci** avete chiamat**o**? (m./f. pl.)
- **Vi** abbiamo chiamat**i/e**.>**Vi** abbiamo chiamat**o.**

Pronomi indiretti

I pronomi indiretti sostituiscono un oggetto indiretto (generalmente preceduto dalla preposizione ***a***), ***non*** *modificano* la desinenza del participio passato, che rimane sempre ***-o***.

Se vedi Gianni, **gli** dai il libro?	Hai visto Gianni? **Gli** hai dat**o** il libro?
Claudia è tornata, **le** telefoni?	È tornata ieri, **le** hai telefonat**o**?
Mi date il vostro numero?	**Ti** hanno dat**o** il loro numero?
Ci scrivi?	**Vi** ho spedit**o** una mail.

Pronomi combinati con tempi composti

A pagina 41 abbiamo già parlato dei pronomi combinati e a pagina 81 abbiamo chiarito cosa sono i tempi composti. Quando il pronome combinato si usa con un tempo composto, segue le stesse regole di accordo dei pronomi diretti.

Esempi:

- Mi presti quei libri?
  Volentieri! Appena Klaus **me *li*** avrà restituit**i**, te li darò.

- Quante storie hai letto a tuo figlio?
  Glie*ne* ho lett**e** alcun**e**.

- Le avete restituito la chiave?
  No, non **gliel'**abbiamo ancora restituit**a**. Gliela ridiamo dopo.(la chiave)

Attività

1. Metti i pronomi diretti e indiretti dal presente al passato

Esempio: **La** compro domani – L'ho comprata due giorni fa.
Le telefono dopo – **Le** ho telefonato ieri.

1. La sorella di Giacomo? **La** vedo oggi. ______________________ ieri.
2. **La** vedi? **Le** parli di quel problema? __________________________.
3. Quando **ti** restituisce le chiavi? _______________________________.
4. Non **gli** scrivono spesso ma **lo** chiamano. ____________________.
5. Quanti libri compri? **Ne** leggi tanti? _______________________tanti?
6. Inviano molte **e-mail**. ________________________________molte.
7. Ragazze, non **vi** vedo mai qui. ______________________________.
8. Sara: Perché non **mi** chiami*, stasera? ______________________.
9. Carla: E tu, perché non **mi** telefoni**? _______________________.
10. La bambina, **la** accompagno io a scuola. ____________________.

Attenzione: *chiamare=diretto/**telefonare=indiretto

2. Aggiungi i pronomi combinati

1. Sai che Karl è all'ospedale? – Sì, _____ha dett_ sua sorella.
2. Cerchi la tua giacca? _____ ho mess_ nell'armadio.
3. Lui mi chiede sempre soldi ma io _____ ho gia prestat_ molti.
4. Ieri vi abbiamo chiesto le chiavi: _____ avete portat_?
5. Ci potete restituire quei libri? _____ abbiamo lasciat_ da vostra madre.
6. Hai comprato le rose per tua moglie? _____ ho comprat_ un mazzo.
7. Le hanno scritto la mail? Sì, ma non _____ hanno ancora inviat_, la vogliono rileggere.
8. _____ ho ripetut_ già tante volte… non so dove siano i tuoi occhiali.
9. Scusa, ci dai il tuo numero? Veramente, _____ ho già dat_ ieri…
10. Ho saputo della vostra avventura… _____ hanno raccontat_ i vostri amici.

11 Musica e nuove amicizie | Musik und neue Freundschaften

Dopo la visita a Superga, e dopo una bella doccia, i tre amici escono e vanno in un locale di musica jazz, ai Murazzi. *Sono appassionati di (1)* questo tipo di musica. Al locale conoscono due ragazze, Vera e Lara.

Tim: Salve ragazze, potremmo sederci qui con voi?

Lara: Prego! Venite spesso qui al locale? **Sebbene** ci **venga** regolarmente, non vi ho mai visti.

Klaus: Veramente è la nostra prima volta a Torino, noi siamo di Monaco, facciamo qualche giorno di vacanza qui, **affinché possiamo** conoscere la vostra bellissima città.

Vera: Ah, siete tedeschi! Mio zio abita a Monaco; purtroppo, non ci vediamo spesso, **benché sia** solo un'ora di volo.

Jan: Ragazze, io sono Jan, piacere. Loro sono Tim e Klaus, come al solito non si sono presentati.

Vera: Io sono Vera e lei è la mia migliore amica Lara. Beviamo qualcosa?

Tim: Purché possa offrire io… Cosa volete? Vado al bar e vi porto qualcosa.

Lara: Grazie! Io prendo un analcolico, devo guidare. **Anche se mi piacciono** gli alcolici, stasera preferisco non berne, vorrei tornare a casa **senza che** mi **facciano** una multa. Tu, Vera?

Vera: Io berrei una birra scura, *tanto guida Lara (2)*.

Tim: Per voi ragazzi? La nostra solita birra bionda, vero? Lo so, **senza che** me lo **diciate**… Torno subito, **a meno che** non **ci sia** la fila, come sembra…

Torna dopo un po' con le bevande.

Tim: Vera, ecco la tua birra. Il tuo analcolico, Lara, e la vostra bionda, ragazzi.

Tutti: *Alla nostra (3)!*

Lara: Allora, vi piace il locale? È il mio preferito. Vera ed io ci veniamo *di frequente (4)*. C'è una buona musica e si fanno sempre degli incontri interessanti.

Klaus: Possiamo scambiarci il numero di telefono? Magari, prima di andare via, ci incontriamo di nuovo. E forse una volta potete venire voi a trovarci.

Vera: Perché no! Potrei venire a trovare mio zio e la sua famiglia, **prima che** i miei cugini **si dimentichino** di me.

Vocabolario

(1). **essere appassionato di:** avere una passione per qualcosa, piacere moltissimo

(2) **tanto guida Lara:** guida Lara, (quindi posso bere). Se bevo non è un problema, perché guida Lara

(3) **Alla nostra!** Alla nostra salute! Augurio prima di bere

(4) **di frequente:** abbastanza spesso

Comprensione del testo

1. Sono appassionati di questo tipo di musica.
a. Non gli piace per niente questo tipo di musica.
b. È un tipo di musica che amano particolarmente.
c. È un tipo di musica che non conoscono.

2. /.../ affinché possiamo conoscere la vostra bellissima città.
a. La vostra città, la conosciamo già e la troviamo bellissima.
b. La vostra città è molto bella e vogliamo visitarla.
c. La vostra città è bellissima ma non vogliamo conoscerla.

3. Il tuo analcolico, Lara, e la vostra bionda, ragazzi.
a. Lara è una ragazza bionda che ha preso un analcolico.
b. La cameriera è bionda e ha portato a Lara e ai ragazzi un analcolico
c. Lara ha preso un analcolico e i ragazzi una birra chiara.

I murazzi del Po

I Murazzi erano originariamente le mura che nel XIX secolo erano state edificate per proteggere Torino dalle piene del fiume Po. Fino agli anni '50 sono stati usati per *il rimessaggio (1)* delle barche da pesca. Per circa venti anni sono stati poi abbandonati dai pescatori a causa dell'inquinamento delle acque. È seguita una fase di *degrado (2)* fino agli anni '80, quando il Comune di Torino ha deciso di riqualificare la zona e di utilizzare le vecchie rimesse delle barche e le arcate, trasformandole in locali e centri culturali. In pochi anni, i Murazzi sono diventati il cuore della vita notturna torinese, ospitando i migliori musicisti del panorama musicale italiano e internazionale.

Vocabolario

(1) **il rimessaggio (delle barche)**: *parcheggio* delle barche, specialmente durante la stagione invernale

(2) **il degrado**: progressivo peggioramento delle condizioni di un luogo

Congiuntivo o indicativo con alcune congiunzioni

Il **congiuntiv**o si usa anche **con alcune congiunzioni** e **non dipende** da un verbo. Con altre si usa l'indicativo.

Congiuntivo	Indicativo
sebbene, benché, nonostante, malgrado	**anche se**
Sebbene ci **venga** regolarmente, non vi ho mai visti.	**Anche se** ci **vengo** regolarmente, non vi ho mai visti.
Non ci vediamo spesso, **benché sia** solo un'ora di volo.	Non ci vediamo spesso, **anche se è** solo un'ora di volo.
Malgrado sia difficile, proverò lo stesso a dare l'esame.	**Anche se è difficile**, proverò a dare l'esame.
Stasera esco, **nonostante piova**.	Stasera esco, **anche se piove.**
affinché, perché, in modo che	**così, (solo) in questo modo**
Resta* un po' più a lungo, **affinché possa**** conoscere la città.	Resta un po' più a lungo, **così puoi/potrai** conoscere la città.
Voglio che studiate di più, **perché impariate** bene l'italiano.	Voglio che studiate di più: **solo in questo modo** imparerete bene.
Aspettate, **in modo che** lui **abbia** tempo di raggiungerci.	Aspettate, **così** lui avrà tempo di raggiungerci.

* tu/imperativo
** tu/congiuntivo

Nota! I significati di *perché*

1. **Avverbio interrogativo**: **Perché** non vieni anche tu?
2. **Congiunzione causale**: Non vengo, **perché** ho da fare.
3. **Congiunzione finale**: Voglio che studiate di più, **perché** (affinché) impariate bene l'italiano.

Congiuntivo	Indicativo
purché, a condizione che, a patto che	**solo se**
Beviamo qualcosa... **purché possa** offrire io. Vengo alla festa, **a condizione che** non **ci sia** lui. La aiuterò, **a patto che si impegni** e **studi** seriamente.	Beviamo qualcosa... **solo se posso** offrire io. Vengo alla festa, **solo se** non **c'è** lui. Lo aiuterò, **solo se si impegna** e **studia** seriamente.
prima che	**dopo che**
Potrei venire a trovare i miei cugini, **prima che si dimentichino** di me.	**Dopo che** lui **è uscito**, ho cominciato a lavorare.
a meno che non	
Paghiamo e andiamo, **a meno che** tu **non** voglia prendere qualcos'altro.	
senza che	
Lo so, **senza che** me lo diciate. Posso fare da sola, **senza che** tu mi aiuti...	

Attività

1. Collega le frasi

1. Continua a guidare,	**a. perché** tu possa capire bene.
2. Non abbiamo l'ombrello,	**b.** ha avuto fortuna e ha superato l'esame.
3. Solo se studierete e non uscirete ogni sera,	**c.** non credo che lui voglia venire.
4. E va bene, andiamo al cinema	**d. malgrado** gli abbiano tolto la patente.
5. A meno che non ci ripensi,	**e.** supererete l'esame.
6. Mangia pure una fetta di torta	**f. dopo** che lui sarà uscito.
7. Te lo ripeto	**g. a patto che** non mi porti a vedere un film giallo.
8. Purché accettino di lavorare per noi	**h. anche se** non dovresti, perché sei a dieta.
9. Comincerò a lavorare	**i.** dobbiamo tornare a casa, **prima che** piova
10. Sebbene non abbia studiato molto	**j.** siamo pronti ad offrirgli uno stipendio maggiore.

1.___; 2.___; 3.___; 4.___; 5.___; 6.___; 7.___; 8.___; 9.___; 10.___.

2. Riscrivi le frasi sostituendo le congiunzioni. Attenzione al modo! Ci possono essere più soluzioni.

affinché   solo se   sebbene   anche se   in modo che   benché   a condizione che

1. Sono disposta a perdonarlo, **a condizione che** mi chieda scusa.

____

2. È stato tutto inutile: **anche se** ho insistito tanto, non sono riuscita a convincerlo.

____

3. **Malgrado** sia arrivata tardi, ho fatto in tempo a salutarlo.

____

4. Vi do le chiavi della macchina, **purché** mi promettiate di non tornare troppo tardi.

____

5. **Nonostante** abbia dormito abbastanza, sono ancora stanco.

____

6. Accendi la luce, **così** potrai vederci meglio.

____

7. **Anche se** l'ho letto più volte, non sono riuscita a capire questo testo.

____

8. Per il tuo compleanno ti do dei soldi, **così** puoi comprarti quello che vuoi.

____

9. Stasera andiamo al cinema, **solo se** sabato prossimo vieni a teatro con me._______________

10. Accetto il tuo invito, **purché** non ci sia quell'antipatica.

____

12 All’azienda vinicola | Auf dem Weingut

Dopo la serata al locale e una buona dormita, i tre decidono di prendere le moto e si dirigono verso le Langhe, famosa *regione vinicola (1)*. Arrivano a Barolo, paese di produzione del vino. Nel tardo pomeriggio visitano una cantina e parlano con la produttrice. (Prod.: produttrice)

Tim: Come **si produce** il vino?

Prod.: La prima fase è la *vendemmia*, cioè la raccolta dell’uva. Ormai **viene** spesso **fatta** con *macchine vendemmiatrici (2)*, prima **si faceva** completamente a mano. Ma nelle piccole *vigne (3)*, o per la produzione di vini più importanti, **è fatta** ancora a mano dai contadini.

Jan: Quando **si vendemmia**?

Prod.: *Innanzitutto (4)* **si analizzano** i campioni d’uva e **va controllata** la percentuale di zuccheri. Il controllo si effettua in momenti diversi, a seconda del vino e della zona di produzione. Nelle diverse parti d’Italia, *orientativamente (5)* tra agosto e novembre.

Klaus: Quali sono le fasi successive?

Prod.: Alla vendemmia segue *la pigiatura (6)*. Quando **si schiaccia** l’uva, la buccia degli *acini (7)* **si rompe**, il succo che fuoriesce **viene chiamato** mosto. Poi **si lascia fermentare** il mosto e alla fine **si imbottiglia**.

Jan: Che caratteristiche ha un buon vino?

Prod.: La qualità del vino dipende da diversi fattori: la varietà dell’uva, la provenienza, il grado di maturazione, *la denominazione (8)*. Vi farò assaggiare dei vini: voi mi direte quali vi piacciono di più.

Tim: La ringraziamo! È stata molto gentile e ci ha spiegato tutto benissimo. Questa è una zona dove **si mangia** e **si beve** meravigliosamente. I buoni cibi **vanno accompagnati** da buon vino.

Jan: Veramente interessante. *Ci ha aperto un mondo (9)!*

Prod.: Grazie a voi!

Klaus: Si potrebbero comprare delle bottiglie di vino?

Prod.: Certamente! Seguitemi! Da questa parte **si va** al punto vendita, lì **si fanno** anche *le degustazioni (10)* dei vini che **sono stati prodotti da**lla nostra azienda.

Vocabolario

(1) **regione vinicola:** zona dove si produce il vino

(2) **macchine vendemmiatrici:** macchine usate per raccogliere l'uva

(3) **la vigna:** terreno coltivato a uva

(4) **innanzitutto:** per prima cosa, prima di tutto

(5) **orientativamente:** all'incirca, più o meno

(6) **la pigiatura:** pressare l'uva per estrarre il liquido

(7) **l'acino:** il chicco d'uva

(8) **la denominazione:** il marchio che garantisce la provenienza e le caratteristiche di un vino, di un cibo

(9) **ci ha aperto un mondo:** grazie a Lei, abbiamo capito molto di questo mondo

(10) **la degustazione:** assaggio di prodotti (vino, formaggio e simili), spesso a scopo pubblicitario

Comprensione del testo

1. /.../ le Langhe, famosa regione vinicola.

a. Nelle Langhe si beve molto vino.

b. Nelle Langhe si produce vino.

c. Nelle Langhe si compra il vino.

2. La vendemmia/.../è fatta ancora a mano dai contadini.

a. I contadini raccolgono l'uva senza le macchine.

b. I contadini danno una mano a vendemmiare.

c. I contadini preferiscono non vendemmiare a mano.

3. /.../si fanno anche le degustazioni dei vini /.../
a. Il vino è gustoso.
b. Si assaggiano diversi buoni vini.
c. Non tutti i vini che si assaggiano sono buoni.

Le Langhe

Sono un territorio collinare tra Cuneo e Asti. La diversità dei paesaggi è unica in quest'area: pianura e collina si alternano e ospitano vigneti, borghi medievali e castelli arroccati.
La zona è *rinomata (1)* per la sua produzione enogastronomica, che è inserita in un contesto culturale unico, ad essa strettamente legato.
Altamente apprezzati sono i vini: da lì provengono il Barolo, il Barbera, il Barbaresco, il Dolcetto, il Nebbiolo e il noto Asti-Spumante.
Nella gastronomia: il tartufo d'Alba, le nocciole, *il vitello tonnato*, *la bagna cauda*, *il bonet.*

- Tutti conoscono *il vitello tonnato (vitel tonné):* vitello tagliato finemente, servito con una salsa di tonno preparata con maionese. Alla salsa si aggiungono capperi e sardine.
- *La Bagna Cauda (letteralmente: salsa calda)* è un piatto della cucina contadina: è una salsa di sardine e aglio che viene servita molto calda e condita con olio di oliva. Nella salsa si inzuppano verdure crude.
- *Il Bonet (si pronuncia „bunèt")* è un budino con amaretti e rum.

Oggi le Langhe sono patrimonio UNESCO: la struttura geologica di tutto il Piemonte, e delle Langhe in particolare, *ha fatto sì che (2)* questa zona diventasse testimonianza vivente dei processi di produzione vinicola, dalla coltivazione della vite alla vinificazione. Sulla cultura del vino si basa tutto il contesto sociale ed economico delle Langhe.

Vocabolario

(1) **rinomato/a**: ha un nome molto conosciuto, tutti ne parlano
(2) **ha fatto sì che**: è stato la causa

SI *passivante* e SI *impersonale*

SI *passivante*

Si usa con i **verbi transitivi con un oggetto**. Il verbo può essere coniugato alla **terza persona singolare** o **plurale.**

SI *impersonale*

Si usa con i **verbi intransitivi** o con i **transitivi senza oggetto** (*funzione intransitiva* di un verbo transitivo). Il verbo è coniugato **alla terza persona singolare.**

SI *passivante*	SI *impersonale*
Prima **si analizzano i campioni** d'uva. (passivo: sono/vengono analizzati)	Da questa parte **si va** al punto vendita. (andare: intransitivo)
Come **si produce** il vino? (passivo: è/viene prodotto)	Qui **si mangia** e **si beve** meravigliosamente. (funzione intransitiva: senza oggetto)
Prima **la vendemmia si faceva** a mano. (passivo: era/veniva fatta)	**Si andrebbe** tutti i giorni al mare, se **si abitasse** in Sardegna. (intransitivo/ipotetico)
Qui **si mangiano cibi** genuini e si bevono **vini** eccellenti. (passivo: i cibi sono/vengono mangiati, i vini sono/vengono bevuti)	Non **si poteva passare**, a causa della molta gente. (intransitivo/descrittivo: imperfetto)
Si lascia fermentare **il mosto**. (passivo: il mosto è/viene fatto fermentare)	Domani **si brinderà** alla sua salute. (intransitivo/futuro)
Si potrebbero comprare delle **bottiglie** di vino? (passivo: potrebbero essere comprate)	Per molti anni **si è andati** a piedi. (intransitivo: verbo di moto)
Quando mia madre era piccola, le uova **si compravano** sfuse. (passivo: venivano comprate)	
Nel futuro **si costruiranno** macchine volanti? (passivo: verranno costruite)	

SI impersonale con verbi riflessivi

Con il verbo riflessivo il ***si*** impersonale diventa ***ci***. (Es: *si* si alza > ***ci*** si alza). Con un **tempo composto** (qui: passato prossimo), si usa il verbo **essere** alla **terza persona singolare** (è)+**il participio passato al maschile plurale**.

- Quando si è in vacanza ***ci si*** **alza** più tardi.
- Ieri ***ci si*** **è alzati** presto.
- L'anno scorso, in vacanza, ***ci si*** **alzava** tardi.
- Se si è con buoni amici, ***ci si*** **diverte**.
- Con buoni amici, ***ci si*** **divertirebbe** di più.

SI con aggettivo

Il *verbo* è al **singolare** ma l'*aggettivo* viene declinato al **plurale**, poiché si parla di „tutti".

- A lezione **si sta** attenti.
- Quando **si è** stanchi, non si **è** concentrati.

SI con tempi composti

Nei tempi composti si usa **sempre** l'ausiliare **essere**:

Con il SI passivante:

- Prima **si analizzano** i campioni d'uva.
  - Prima **si** ***sono*** **analizzati** i campioni d'uva. (Attivo: hanno analizzato)
- Si potrebbero comprare delle bottiglie di vino.
  - Si ***sarebbero*** **potute** comprare delle bottiglie di vino. (Attivo: avremmo potuto comprare)

Nel caso del SI impersonale, se **il verbo** di partenza si coniuga con **avere**, il **participio rimane in -o**; se si coniuga con **essere** (verbi di moto, riflessivi), il participio si accorda al **plurale in -i**.

- **Si mangia** e **si beve** meravigliosamente.
  - **Si è mangiat*o*** e **bevut*o*** meravigliosamente. (Attivo: abbiamo mangiato e bevuto)
- Quando **si è stanch*i***, non **si è concentrat*i***.
  - Quando **si era stanchi**, non **si era concentrat*i***. (Attivo: **tutti** erano stanch***i***/*essere*)
- In vacanza **ci si alza** più tardi.
  - In vacanza **ci si è alzati** più tardi. (>tutti si **sono** alzat**i**/*essere)*
- *Prima* **si andava** a piedi, ora si ha la macchina. (descrizione *senza* limitazione temporale – imperfetto : *prima*)
- *Per molti anni* **si è andati** a piedi, poi tutti hanno potuto comprare una macchina. (descrizione <u>con</u> limitazione temporale – passato prossimo: *per molti anni*>**siamo** andat**i**)

Nota!

Nelle forme impersonali, l'agente (chi compie l'azione) non è espresso e ha il significato di *uno*, *tutti*.

- **Si** mangia e **si** beve.>**Tutti** mangiano e bevono.
- Quando **si** è stanchi, non **si** è concentrati.>Quando **uno** è stanco, non è concentrato.

La forma passiva

La *forma passiva* si usa per *evidenziare l'oggetto (che diventa soggetto!)*. Il **soggetto** è espresso come **complemento di agente**, cioè *chi* o *cosa* causa l'azione (agisce).

- Il bravo scrittore scrive un bel libro. > **Un** bel libr**o** è/viene *scritt***o** *dal bravo scrittore.*
- Il bravo scrittore ha scritto tanti bei libri. > **Tanti** be**i** libr**i** sono stati *scritt***i** *dal bravo scrittore.*
- Credono che la pioggia rovini il raccolto. > Credono che **il** raccolt**o** venga/sia *rovinat***o** *dalla pioggia.*
- La pioggia aveva **rovinato** il raccolto. > **Il** raccolt**o** era stato *rovinat***o** dalla pioggia.

Tempi semplici	Tempi composti
ESSERE o **VENIRE**+ *participio passato*	**ESSERE** [***tempo composto*** *(è, sia, sarà stato/a… sono, sarebbero, erano stati/e)*] + *participio passato*
Ormai la vendemmia **viene fatta** con le macchine vendemmiatrici, ma nelle piccole vigne **è fatta** ancora a mano **dai*** contadini. *(Forma attiva: Ormai le macchine fanno la vendemmia, ma nelle piccole vigne i contadini la fanno ancora a mano)*	Nel punto vendita si fanno anche le degustazioni dei vini che **sono stati prodotti** nella nostra azienda. *(Forma attiva: i vini che ha prodotto la nostra azienda)*
La nuova scuola **sarà/verrà** inaugurata sabato prossimo **dal*** sindaco. *(Forma attiva: il sindaco inaugurerà la scuola)*	La scuola **è stata inaugurata** dal sindaco sabato scorso. *(Forma attiva: il sindaco ha inaugurato la scuola)*
Credo che il tiramisù **sia/venga** preparato con i savoiardi. *(Forma attiva: credo che il pasticciere lo prepari con i savoiardi)*	Non credo che questo tiramisù **sia stato fatto** con i savoiardi. *(Forma attiva: non credo che l'abbia preparato con i savoiardi)*

***da** indica il complemento di agente, cioè chi fa l'azione nella frase attiva.

Passivo con *andare* e *dovere*

Il passivo con *andare* e *dovere* esprime un *consiglio*, una *raccomandazione*, qualcosa che *è necessario* (**va** fatto/**deve essere** fatto).

ANDARE+participio passato	DOVERE+essere fatto
La percentuale di zuccheri **va controllata**.	**La percentuale** di zuccheri **deve essere controllata**.
I buoni **cibi andrebbero accompagnati** da buon vino.	**I buoni** cibi **dovrebbero essere accompagnati** da buon vino.
Il documento **andrà firmato** *in calce*. (in calce: in fondo alla pagina)	Il documento **dovrà essere firmato** in calce.
Credo che la camicetta **vada lavata** a mano.	**Credo** che la camicetta **debba essere** lavat**a** a mano.
Le istruzioni **andavano** lett**e** prima, non dopo. Adesso devi smontare tutto!	**Le** istruzioni **dovevano essere** lett**e** prima, non dopo.

Attività

1. Completa con il SI passivante; indicare se è Presente (P) o Passato Prossimo (PP)

Esempi:
1. Alla dogana (**dovere**) _____ presentare *sempre* i documenti.
Alla dogana **si devono** presentare *sempre* i documenti (P)
2. Ieri alla dogana (**dovere**) _____ presentare i documenti.
Ieri alla dogana **si sono dovuti** presentare i documenti. (PP)

1. Nel corso degli anni (realizzare) ______________________ molte opere di miglioramento delle linee ferroviarie.

____

2. Per cucinare la pasta, prima (far bollire) ______________ l'acqua e poi (buttare) ______________________ il sale nella pentola.

____

3. All'Oktoberfest (bere) ______________________ molta birra e (servire) ______________________specialità bavaresi.

____

4. L'anno scorso, all'Oktoberfest, (bere) ______________ molti litri di birra e (servire) ______________________ specialità bavaresi in quantità.

____

5. Se si (volere) ______________________ avere prodotti di qualità, bisogna spendere un po' di più.

____

2. Completa con il SI impersonale: indicare se è Presente (P) o Passato Prossimo (PP)

Esempi:
1. Alle feste (**bere**) _____ e (**mangiare**) _____ sempre troppo.
Alle feste **si beve** e **si mangia** sempre troppo. (presente)
2. Ieri sera (bere) _____ e (mangiare) _____ troppo.
Ieri sera **si è bevuto** e **si è mangiato** troppo. (passato prossimo)

1. In una zona pedonale (scendere) ____________________ dalla bicicletta e (andare) ____________________ a piedi. (   )

____

2. Ieri, dopo aver attraversato la zona pedonale (risalire) ______________ in bicicletta e (proseguire) ____________________ a piedi. (   )

____

3. Fortunatamente (partire) ____________________ in tempo e (arrivare) ____________________ in orario, nonostante il traffico intenso. (   )

____

4. Alla scuola primaria (imparare) ____________________ a scrivere e a leggere. Dopo (potere) ____________________ studiare autonomamente. (   )

____

5. Quando (tornare) _________ dalle vacanze, (essere) ___________ tristi. (   )

____

3. Metti dall'attivo al passivo i tempi semplici e composti

Esempio:
Ottimi medici **salvano** molte persone
Molte persone vengono/sono salvat**e** da ottimi medici
Molte persone sono stat**e** salvat**e** da ottimi medici

1. Nell'arco della vita ognuno di noi compra molte cose inutili.

____

____

2. Tutti noi beviamo acqua ma solo alcuni bevono vino.

____

____

3. I muratori costruiscono quella casa con perizia.

____

____

4. Molti bravi scrittori scrivono bei libri.

____

Nel passato ______________________________________

5. Quel bravo tecnico ripara la caldaia.

____

____

4. Andare e dovere: Metti al presente (P), imperfetto (I), futuro (F), congiuntivo presente (CP)

Esempio:
La lavatrice è rotta: **riparare** (F)
La lavatrice **andrà riparata**/**dovrà essere riparata.**

1. Ho comprato una libreria: montare subito (P)
Il mobile ____________________/____________________
2. Il frigorifero non funziona: chiamare un tecnico (CP)
Penso che ____________________/____________________
3. Tutti i testi contengono errori: controllare meglio (I)
____________________/____________________
4. La cena è in frigorifero: riscaldare nel microonde (P)
____________________/____________________
5. La camicia è sporca di inchiostro: prima smacchiare (F)
____________________/____________________

13 Rifornimento | Auftanken

Dopo la gita nelle Langhe, i ragazzi devono *fare rifornimento (1)*. Si fermano a un distributore che trovano sulla strada, ma è già tardi, non c'è il benzinaio e devono usare il self-service.

Tim: (legge) Devo capire **quello che** c'è scritto… dunque: bisogna inserire le banconote e *digitare il numero (2)* del distributore **che** si è scelto; poi si prende la pistola del carburante e *si infila* (3) nel serbatoio. Ho capito!

Jan: Sapete se sia possibile pagare con la carta? A meno che non mi possiate prestare qualcosa **con cui** pagare…

Klaus: Ma certo! O con la carta di credito o con il *Bancomat (4)*. Prima devi scegliere il distributore **a cui** farai rifornimento. Ti faccio vedere: scegli, inserisci la tua carta e poi digita il codice Pin. Quando il pagamento è stato accettato, ritira la carta e procedi con il rifornimento.

Jan: È facile, fatto!

Tim: Adesso rimetti la pistola a posto e aspetta la tua ricevuta **che** dovrebbe uscire da qui

Klaus: Ma perché non accetta le mie banconote?

Jan: Forse sono sgualcite… Ne hai altre?

Klaus: Cosa vuol dire *sgualcite*?

Jan: Significa *spiegazzate*, non stirate.

Klaus: Ah, sì, ho capito! Pago anch'io con la carta, allora.

Tim: Non è né stato complicato né abbiamo perso troppo tempo.

Jan: Però non c'è neanche un chiosco **nel quale** comprare qualcosa da bere.

Klaus: In Italia i normali distributori vendono solo carburante.

Sull'autostrada ci sono stazioni di servizio, **in cui** puoi sia fare benzina che comprare qualcosa da bere e mangiare.

Tim: In Germania, invece, si può sempre comprare qualcosa, anche nei giorni festivi.

Jan: *Moglie e buoi dei paesi tuoi (5)*, dice un proverbio!

Vocabolario

(1) **fare rifornimento:** mettere benzina

(2) **digitare il numero**: comporre il numero su una tastiera

(3) **infilare:** mettere dentro, inserire

(4) **Bancomat:** distributore automatico di soldi

(5) **Moglie e buoi dei paesi tuoi (proverbio):** ognuno si fida ciò che conosce

Comprensione del testo

1. I ragazzi devono fare rifornimento.
a. Devono comprare qualcosa da mangiare, perché hanno fame.
b. Devono fare il pieno, perché hanno finito la benzina.
c. Devono fermarsi perché sono stanchi.

2. Si infila nel serbatoio.
a. Si fa la fila al distributore.
b. Si mette nel motore.
c. Si mette nel contenitore della benzina.

3. Forse sono sgualcite.
a. Magari non sono false.
b. Magari sono piene di pieghe.
c. Magari non sono buone.

Il benzinaio

Il benzinaio è la persona che lavora nella stazione di servizio, detta normalmente distributore.

Cosa fa un benzinaio?

- Mette benzina, secondo le richieste degli autisti.
- Cambia l'olio ed eventualmente i filtri.
- Gonfia e controlla la pressione degli pneumatici.
- Lava i vetri alla macchina.

Se nella stazione di servizio c'è un impianto di lavaggio, il benzinaio procede alla pulizia interna ed esterna delle automobili.
Le compagnie petrolifere organizzano corsi di formazione per chi vuole intraprendere questo mestiere.
In quasi tutte le stazioni è ormai presente anche il servizio self-service, che viene attivato completamente il fine settimana.
Se nel passato era una figura importantissima anche nei piccoli paesi, adesso le pompe di benzina si trovano sulle autostrade e sulle strade più grandi e il benzinaio è sconosciuto ai più. I distributori sono diventati strutture più grandi dove è possibile trovare anche chioschi e negozi.

Pronomi relativi

I pronomi relativi **uniscono due frasi** sostituendo il soggetto o l'oggetto.

Il pronome CHE

CHE *soggetto*	CHE *oggetto diretto*
Aspetta la ricevuta **che** dovrebbe uscire da qui. *(La ricevuta dovrebbe uscire/SOGGETTO)*	Si fermano a un distributore **che** trovano sulla strada. *(C'è un distributore sulla strada e loro **lo** trovano/OGGETTO)*
Quelle sono le ragazze **che** hanno vinto il premio. *(Le ragazze hanno vinto il premio)*	Quelli sono i ragazzi **che** ho conosciuto ieri. *(Ci sono dei ragazzi; **li** ho conosciuti ieri)*

Preposizione + CUI (oggetto indiretto)

Il *pronome relativo* **cui** si usa con i verbi che reggono una *preposizione.*

- Quelli sono i ragazzi, ***con*** **cui** ho parlato ieri.
  Vedo dei ragazzi. Ho parlato ieri ***con*** loro.
- Ti ricordi la casa ***in*** **cui** vivevamo da piccoli?
  Ti ricordi la casa? **In** quella casa vivevamo da piccoli.
- È il motivo ***per*** **cui** non sono potuta venire.
  Per questo motivo non sono potuta venire.

Preposizione+ il/la qual*e* – i/le qual*i*

È una *forma più letteraria*, usata in *contesti più formali.*

- Quello è un albergo **nel quale** alloggiano molti VIP.
  (**in+il** quale=**nel** quale)
- È una persona **sulla quale** puoi contare.
  (**su+la** quale=**sulla** quale)
- Sono persone **delle quali** non ti puoi fidare.
  (**di+le** quali=**delle** quali)
- Sono i ragazzi **ai quali** ho insegnato l'italiano.
  (**a+i** quali=**ai** quali)

Attività

1. Collega le frasi

1. È lui il ragazzo **di cui**	**a.** ho parlato stamani.
2. Vedi quell'uomo **che**	**b.** ho trovato per terra?
3. Il negozio, **in cui**	**c.** ho visto ieri, non mi è piaciuto.
4. Me l'ha detto l'impiegata **con cui**	**d.** sta attraversando la strada?
5. Il film, **che**	**e.** hai usato stamattina?
6. Preferivo il quartiere **in cui**	**f.** ti parlavo ieri.
7. Hai lavato la tazza **che**	**g.** ho appuntato il numero…
8. Sono tuoi questi occhiali **che**	**h.** mi hai detto, puoi ripetere?
9. Ma dov'è il foglio **su cui**	**i.** vivevo qualche anno fa.
10. Non ho capito **quello che**	**j.** compravo sempre il pane, è stato chiuso.

1.___; 2.___; 3.___; 4.___; 5.___; 6.___; 7.___; 8.___; 9.___; 10.___.

2. Unisci le frasi con *cui* perduto dalla preposizione. Trasforma poi con la forma *il/la quale* (*i/le quali*)

Esempio:
I calzini sono **in** un cassetto. **Il cassetto** è aperto.
a. Il cassetto, **in cui** sono i calzini, è aperto.
b. Il cassetto, **nel quale** sono i calzini, è aperto.

1. Ieri ho telefonato agli amici. **Gli amici** sono partiti oggi.
a. ____
b. ____

2. Prima andavo al lavoro **con** il treno. **Il treno** era un diretto.
a. ____
b. ____

3. Ho scommesso **su** un cavallo. **Il cavallo** ha vinto.
a. ___
b. ___

4. I giornali parlano **di** una legge. **La nuova** legge verrà approvata domani.
a. ___
b. ___

5. Posso sempre contare **su un** amico. **L'amico** è Mario.
a. ___
b. ___

6. Non mi ricordo il titolo **de**l film. **Il film** è molto bello.
a. ___
b. ___

7. Soggiorneremo **in** un albergo. **L'albergo** è nel centro della città.
a. ___
b. ___

8. Devi scegliere **fra** due corsi. **I due corsi** sono abbastanza difficili.
a. ___
b. ___

9. Sono tornata ieri **da** una città. **La città** è nel Nord del Paese.
a. ___
b. ___

10. Non posso venire **per** un motivo. **Il motivo** è personale.
a. ___
b. ___

14 Mal di denti | Zahnschmerzen

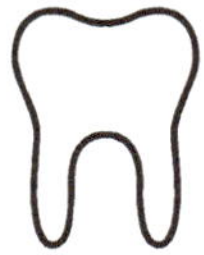

Jan si è svegliato per il mal di denti. Gli amici gli hanno consigliato di andare al *pronto soccorso (1)*. Francesca, la ragazza della *portineria (2)*, ha dato loro l'indirizzo. Stanno aspettando il loro turno. (med.: medico generico *(3)*; od.: odontoiatra)

Tim: Accidenti, Jan, la guancia ***sta gonfiando*** *(4)* parecchio. Ti fa molto male?

Jan: Abbastanza, spero che possano fare qualcosa, altrimenti vi rovinerò la vacanza.

Klaus: Vedrai che si risolverà tutto.

Jan viene chiamato e **sta per entrare.**

Jan: Buongiorno, dottoressa!

Med.: Buongiorno! Qual è il problema?

Jan: Stanotte **stavo dormendo**, ma mi sono svegliato improvvisamente con il mal di denti.

Med.: L'*odontoiatra (5)* **sta per arrivare**. Intanto controllo io. C'è un'infiammazione al *dente del giudizio (6)*.

Od.: Buongiorno, controlliamo questo dente. È qui come turista o è uno studente?

Jan: Sto facendo un viaggio con due miei amici.

Od.: Dobbiamo togliere l'infiammazione. Quando ripartite?

Jan: Fra sei, sette giorni. Il dente deve essere tolto?

Od.: Non necessariamente. Le *prescrivo (7)* un *analgesico (8)* e anche un *antinfiammatorio (9)*. Dovrebbe essere sufficiente. Eventualmente prenda un *collutorio (10)* da usare dopo che si è lavato i denti.

Jan: La ringrazio, dottoressa. Devo pagare qualcosa?

Od.: Lasci i dati della sua assicurazione in accettazione. Riceverà automaticamente *la fattura (11) a domicilio (12). Buon proseguimento (13)* di vacanza.

Jan: È stata molto gentile. Ancora mille grazie e arrivederci.

Vocabolario

(1) **il pronto soccorso:** la postazione di primo aiuto

(2) **la portineria:** all'ingresso di un edificio, dove sta un portiere e si possono chiedere informazioni

(3) il **medico generico:** medico di medicina generale

(4) **sta gonfiando** (gonfiare): diventare sempre più grande

(5) **l'odontoiatra:** il/la dentista, il medico che si occupa dei denti

(6) **il dente del giudizio**: uno dei quattro denti che spuntano per ultimi. Il giudizio è la maturità.

(7) **prescrivere:** il medico scrive il nome di una medicina su una ricetta

(8) **l'analgesico:** medicinale contro il dolore

(9) **l'antifiammatorio:** medicinale contro un'infiammazione

(10) **il collutorio:** liquido rinfrescante con cui è possibile sciacquare la bocca, specialmente dopo essersi lavati i denti

(11) **la fattura:** documento che conferma quanto si deve pagare

(12) **a domicilio:** a casa

(13) **Buon proseguimento!** Augurio di continuare bene

Comprensione del testo

1. /.../ la guancia sta gonfiando parecchio.
a. La guancia fa molto male.
b. La guancia diventa molto più grande.
c. La guancia è un po' gonfia.

2. L'odontoiatra sta per arrivare.
a. L'infermiere arriva dopo.
b. L'osteopata è arrivato.
c. Il dentista arriva subito.

1. /.../ prenda un collutorio.
a. Prenda un antidolorifico.
b. Prenda un dentifricio.
c. Prenda un liquido per *fare gli sciacqui* (ripulire l'interno della bocca con un liquido).

Il servizio sanitario Italiano

Dal 1979 l'Italia ha un *Servizio Sanitario Nazionale*: ad esso hanno diritto tutti gli abitanti ed è principalmente gratuito. Il S.S.N. è finanziato dalle singole Regioni e dallo Stato.
Circa l'80% degli ospedali appartiene al settore pubblico, meno del 20% sono strutture private.
La medicina di base è organizzata territorialmente in ASL (*Azienda sanitaria Locale*) che stabilisce il numero dei medici che possono aprire uno studio (o ambulatorio) in una determinata zona. Gli ambulatori collettivi, in cui prestano servizio più medici, sono ancora relativamente rari in Italia, anche se sempre più medici si riuniscono in un'unica struttura per diminuire costi correnti e offrire un servizio più efficiente.
Ogni cittadino ha diritto al medico di medicina generale, che presta le cure di base e prescrive visite specialistiche, che poi verranno espletate da altri medici, in base al bisogno.

Stare per+infinito e stare+gerundio

- **Stare per+infinito:** Si usa per un'*azione* che si verificherà nell'*immediato*, dopo brevissimo tempo.
- **Stare+gerundio:** Si usa per un'*azione* che si svolge *in quel preciso momento*, proprio mentre parlo.

Stare per + infinito	Stare + gerundio
L'odontoiatra **sta per arrivare.** *(È già stato chiamato. Arriva tra qualche minuto.)* Jan **sta per entrare**. *(È appena fuori della porta, è il suo turno, è quasi dentro.)*	**Sto facendo** un viaggio con amici. *(In questo momento sono in vacanza.)* **Stava* dormendo**, ma si è svegliato improvvisamente con il mal di denti. *(Mentre dormiva, il mal di denti l' ha svegliato.)*
Stavo* per uscire, quando ho sentito il telefono. *(Ero già pronta, ma non ero ancora uscita.)*	**Stavo* uscendo**, quando ho sentito il telefono. *(Avevo già aperto la porta, ero sul punto di uscire.)*

*Stare è sempre coniugato a un tempo semplice.

- indicativo: presente (*sto*), imperfetto** (*stavo*), futuro (*starò*).
- congiuntivo: presente (*stia*), imperfetto (*stessi*).
- condizionale: presente (*starei*)

**Imperfetto indicativo: Cap. 19/20 del livello A1-A2

Il gerundio

Il gerundio è formato con i *suffissi* ***-ando*** e ***-endo***:

Verbi in **-are**: **-*A*NDO** (and*ando*, mangi*ando*, torn*ando*)
Verbi in **-ere**: **-*E*NDO** (ved*endo*, prend*endo*, legg*endo*)
Verbi in **-ire**: **-*E*NDO** (sent*endo*, pul*endo*, ven*endo*)

Verbi irregolari:

- Bere: bev*endo*
- Dire: di*cendo*
- Fare: fa*cendo*
- Tradurre: tradu*cendo*

Attività

1. Inserisci ***stare per*** o ***stare + gerundio***

Esempi:
1. Perché non hai risposto al telefono?
(fare la doccia) **stavo facendo** la doccia, non ho sentito.
2. Perché sei in ritardo?
(uscire) **stavo per uscire**, quando è suonato il telefono.

1. Cosa è successo? Perché zoppichi?
(fare jogging) ________________ e sono caduto.
2. Hai fatto la traduzione?
Non ancora, (cominciare) ________________ ma non ho potuto: il computer non funziona.
3. Sei ancora qui? Non dovevi già essere in Italia?
(partire) ________________, sono venuta a salutarti.
4. Devo parlare con il direttore…
Eccolo, (uscire) ________________ dall'ascensore.
5. Devo parlare con il direttore…
b. (arrivare) ________________, è ancora per strada.

2. Completa con ***stare per, stare+gerundio*** o ***presente semplice***

Esempio:
Cosa (tu, fare) _____? Cosa **stai facendo**?
(Cucinare) **Sto cucinando**, perché? Cosa (tu, volere) **vuoi**?

1. Dov'è Marco?
Ha appena telefonato è ancora in ufficio ma (uscire) ________________,
ha detto che (noi, potere) ______________________ già entrare.
2. Pronto, ti disturbo?
(lavorare) ________________, ma ti (concedere) ______________________
un paio di minuti.
3. (tu, venire) ______________ a vedere il film?
(cominciare) ________________ (loro, passare) ________________________
le ultime pubblicità…

Eccomi! (arrivare) ______________________ con i popcorn!
4. Che fine ha fatto Luca?
Non lo (io, vedere) ____________________ da qualche settimana.
(studiare) ______________________ per il prossimo esame!
5. Quando (tu, finire) ______________________ di scrivere la tesi?
La (ultimare*) ________________, poi la (consegnare) ______________.

*ultimare: finire

3. Inserisci <u>stare per</u> o <u>stare + gerundio</u>: indicativo (presente, imperfetto, futuro) o congiuntivo (presente)

Esempio:
Ieri (**prepararsi**)_____ per uscire, quando è suonato il telefono.
Ieri **<u>mi stavo preparando</u>** per uscire, quando è suonato il telefono.

1. Chissà cosa (fare) ______________________ i ragazzi in Italia… sono partiti da una settimana e non si sono ancora fatti sentire… Ormai (tornare) ______________________, credo che la prossima settimana ricomincino a lavorare.
2. La scorsa settimana, quando mi hai chiamato, ero per strada e (andare) ______________________ al lavoro.
3. Maria? Credo che (telefonare) ______________________, mi sembra che (parlare) ______________________ al telefono.
4. (uscire) ______________________, prendo le chiavi e vado.
5. Ma dov'è Fabio? L'ho sentito più mezz'ora fa e mi ha assicurato che (salire) ____________________ in macchina proprio in quel momento e (arrivare) ______________________... Non ci si può fidare di lui!

15 Riposo e noia | Erholung und Langeweile

Dopo il dentista i ragazzi sono tornati all'ostello. Jan ha preso l'analgesico e l'antinfiammatorio e si è messo a dormire. Tim e Klaus sarebbero usciti volentieri e *si annoiano (1)* in camera, scendono nella sala comune.

Tim: Cosa **potremmo** fare? Guardiamo la televisione? **Ci sarebbe** anche una libreria, ma non ho molta voglia di leggere.

Klaus: Prendiamo due bibite e qualcosa da *sgranocchiare (2)* al distributore automatico. Tu cosa vuoi?

Tim: Per me una cola e un po' di salatini. Poi **potremmo** giocare a biliardo, ti va?

Klaus: Certo! Sono un campione! C'è anche *il calciobalilla (3)*.

Tim: Per giocare a biliardo dobbiamo chiedere *le stecche* e *le palle (4)* in portineria. Ci vado io.

Tim torna con stecche e palle, Klaus con bibite e salatini. Mentre giocano, conversano.

Klaus: Fino a domani l'altro rimaniamo qui a Torino, poi andiamo in Liguria?

Tim: Certo, così ci facciamo un paio di giorni al mare. Prima di tornare a casa, **avrei pensato** di andare verso Venezia. E dopo ripartiamo per Monaco.

Klaus: D'accordo! Ma **dovremmo** vedere come sta Jan… eccolo!

Jan: Sto meglio, mi sono riposato e sono sceso.

Tim: Saresti dovuto rimanere ancora un po' a letto. La guancia è ancora gonfia. Vuoi giocare?

Jan: No, preferisco guardare qualcosa alla televisione. Sono ancora un po' *assonnato (5)*, ma mi sento meglio, davvero.

Dopo la partita Tim e Klaus si siedono con Jan.

Klaus: *Vi va (6)* di guardare le foto che abbiamo fatto finora? Io ne ho molte.

Tirano fuori i loro cellulari.

Tim: Anch'io! Ne **avrei dovute scattare** meno, qualcuna **dovrei** cancellarla. Tu quante ne hai fatte, Jan?

Vocabolario

(1) **si annoiano (annoiarsi)**: non si divertono, provano noia

(2) **sgranocchiare:** mangiare cose piccole, croccanti, che fanno rumore sotto i denti (noccioline, biscotti…)

(3) **il calciobalilla:** gioco che riproduce un campo di calcio; si gioca muovendo delle manopole collegate a figure che riproducono i giocatori. „Balilla" era il soprannome di un giovane patriota genovese

(4) **le stecche e le palle:** la stecca è il bastone usato per giocare a biliardo; le palle per giocare a biliardo

(5) **assonnato:** non ancora completamente sveglio

(6) **vi va…**: avete voglia di…

Comprensione del testo

1. Scendono nella sala comune.

a. Vanno su, in una stanza per tutti.

b. Vanno giù, in una stanza per tutti.

c. Vanno nella sala da pranzo.

2. C'è anche il calciobalilla.

a. Gioco elettronico che simula una partita di calcio.

b. Gioco manuale che riproduce un campo di calcio con i giocatori.

c. Campo di calcio per ragazzi.

3. Sono ancora un po' assonnato.
a. Non sono completamente sveglio.
b. Ho dormito abbastanza e non ho più sonno.
c. Ho sognato un po'.

Tra Piemonte e Liguria

È chiaro che il Piemonte non ha sbocchi al mare, la cucina piemontese però fa un largo uso di acciughe. Ma come è entrato questo pesce azzurro, uno dei pilastri della dieta mediterranea, in una regione che non è sul mare? Di contrabbando, contrabbando di sale! Intorno al 1600 il sale che arrivava in Piemonte proveniva dalla Provenza ed era gravato da alti tassi doganali. La via del sale partiva dalle coste francesi e passava per la Liguria. I contrabbandieri coprivano il sale con le acciughe, che in breve diventarono un cibo molto apprezzato tra i piemontesi. Così iniziò il commercio delle acciughe e nacque la figura dell'acciugaio. I contadini, che in inverno non potevano lavorare nei campi, partivano per Savona: qui compravano le acciughe, che venivano rivendute nei paesini di montagna durante la stagione fredda.

Acciughe in salsa verde

- Dissalate le acciughe in abbondante acqua e aceto bianco.
- Tritate al coltello il prezzemolo e l'aglio, che poi si aggiungerà al prezzemolo, insieme ad un pizzico di peperoncino.
- Amalgamate il composto con olio EVO (Extra Vergine d'Oliva).
- Mettete le acciughe ben allargate in un contenitore e versateci sopra la salsa verde (prezzemolo, aglio, peperoncino e olio)
- Lasciate riposare in frigorifero per almeno un giorno.
- Toglietele dal frigorifero almeno un'ora prima di mangiarle.
- Sono ottime su una fetta di pane abbrustolito, su cui si può spalmare un po' di burro.

Condizionale presente e condizionale passato

Il **condizionale presente** viene utilizzato per:

- *Chiedere gentilmente*: **Potrei** chiudere la finestra?
- *Esprimere un desiderio*: **Andrei** volentieri al mare.
- *Dare un consiglio*: Al posto tuo **comprerei** la gonna rossa, invece di quella gialla.

La coniugazione del condizionale presente è già stata spiegata nel volume A1-A2.

Il **condizionale passato** viene utilizzato per…

- …esprimere *un desiderio non realizzato:* **Sarei andata volentieri** al mare, ma purtroppo non ho potuto e sono rimasta a casa.
- …esprimere *un'opinione sul passato:* **Saresti dovuto** rimanere ancora un po' a letto, sei stanco. **Avrei dovuto** scattare meno foto, ne ho già molte.

Condizionale passato: essere e avere

Essere	Avere
sarei andato/a	avrei pensato
saresti andato/a	avresti pensato
sarebbe andato/a	avrebbe pensato
saremmo andati/e	avremmo pensato
sareste andati/e	avreste pensato
sarebbero andati/e	avrebbero pensato

Attività

1. Inserisci il condizionale presente. Indica se si tratta di una richiesta (R), un desiderio (D) o un consiglio (C)?

1. Mi (piacere) ____________________ partire presto.	
2. Per il tuo mal di schiena, (tu, dovere) _____________ andare da un ortopedico.	
3. Le (dispiacere) ______ aprire un po' la finestra? È caldo.	
4. Al posto tuo, noi (fare) __________ un po' di ginnastica.	
5. (voi, vivere) _________________ in campagna?	
6. Sono stanca… quasi quasi (rimanere) _________ a casa.	
7. Devo lavorare, (tu, abbassare) ______________________ il volume della radio?	
8. Forse non è il lavoro giusto… al posto tuo ne (io, cercare) _______________ un altro.	
9. (tu, avere) ________________ da cambiare 50 €?	
10. (io, volere) __________ sapere, perché sei così arrabbiato.	

2. Collega le frasi

1. È già tardi, dobbiamo andare!	**a.** *Saresti potuta rimanere* ancora un po' a letto.
2. *Sarei voluta* andare al cinema,	**b.** Certo, tanto sono di strada!
3. Per fortuna c'eri tu…	**c.** guadagnare di più e avere più tempo libero!
4. Scusi, sa dov'è la stazione?	**d.** ma ho dovuto cambiare cellulare e ho perso molti numeri.
5. *Mi accompagneresti* a casa?	**e.** ma poi mi sono addormentata sul divano.
6. Sei stato malato? Non lo sapevo,	**f.** Non *saprei*, non sono di qui, mi dispiace.
7. *Avresti* tempo questo fine settimana? *Potremmo* vederci…	**g.** senza il tuo aiuto non *saremmo riuscite* a montare la libreria.
8. Ti sei già alzata?	**h.** Mi dispiace! Forse sabato prossimo?

9. Quanto *vorrei* poter cambiare lavoro…	**i.** *Saremmo rimasti* ancora, ma domani dobbiamo alzarci presto.
10. Ti *avrei chiamato*	**j.** altrimenti *sarei venuta* a trovarti.

1.___; 2.___; 3.___; 4.___; 5.___; 6.___; 7.___; 8.___; 9.___; 10.___

3. Inserisci il condizionale presente o il condizionale passato

Esempio:
Luisa (**andare**) _____ volentieri al mare, ma non sa se smette di piovere.
Luisa **andrebbe** volentieri al mare, ma non sa se smette di piovere.
Luisa (**andare**) _____ volentieri al mare, ma pioveva.
Luisa **sarebbe andata** volentieri al mare, ma pioveva.

1. (lui, mangiare) ________________ ancora un po' di quell'arrosto, ma suo fratello l'aveva finito.
2. Mi (voi, fare) ________________ un favore? (io, avere bisogno) ________________ di una mano per spostare un mobile pesante… mi (aiutare) ________________?
3. È già partita? Peccato! L'(salutare)________________ volentieri…
4. Mi (piacere) ________________ andare al cinema sabato prossimo, tu (venire) ________________?
5. Frank, (essere) ________________ così gentile da accompagnarmi dal dottore? (io, andare) ____________________ con l'autobus, ma è sciopero.

16 WhatsApp

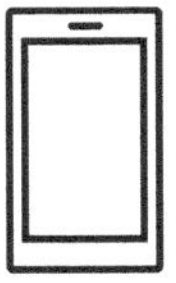

I tre stanno guardando le foto, ma si annoiano. Non vogliono uscire. Allora pensano di contattare le ragazze che avevano conosciuto nel locale.

Jan: Ne ho fatte *parecchie (1)* sulla Mole, ma non tutte sono venute bene.

Klaus: Ragazzi, stasera possiamo andare a mangiare alla trattoria che ci ha consigliato Francesca, ma ora che facciamo?... **Credevo che fosse** più tardi...

Tim: Sono solo le cinque, potremmo telefonare alle ragazze...

Klaus: Scriviamo loro un messaggio WhatsApp. Creiamo un gruppo, con tutti i nomi e poi scriviamo. Lo chiamiamo „Torino".

Jan: Credo che i numeri li abbia tu, Klaus.

Klaus: No, ce li ha Tim...

Jan: Mi sembrava che li **avessi registrati** tu...

Tim: Aspettate... li ho io...

- Salve ragazze, come state? *Tim*
- Ciao, io sto bene E voi? *Vera*
- Sono Klaus, stiamo bene, solo Jan ha mal di denti. *Klaus*
- Ehi, ciao! Io stavo studiando.... *Lara*
- Ciao, ragazze. Sto meglio... tu studi, Lara? **Pensavo che lavorassi**... *Jan*
- Ho *un lavoretto (2)* part time, mi sto laureando... *Lara*
- Perché domani non facciamo qualcosa insieme? *Tim*
- Mi dispiace, ragazzi, ma domani lavoro. *Lara*
- Anch'io! **Credevo** che **foste già andati** via, altrimenti avrei preso un giorno libero. *Vera*
- Peccato, ragazze! Vi avremmo riviste volentieri. *Jan*

- Quando verrete a Monaco? *Klaus*
- Vedremo! *Lara*
- Ci farebbe piacere se **veniste** a trovarci. *Tim*

Jan: Andiamo a prepararci, dai. Stasera andiamo alla trattoria che ci ha consigliato Francesca, poi andiamo a letto presto. Domani dovremmo alzarci presto per andare alla sorgente del Po.

Vocabolario

(1) **parecchio/a/i/e**: una quantità abbastanza alta di qualcosa

(2) **un lavoretto:** un piccolo lavoro, magari part time

Comprensione del testo

1. I tre stanno guardando le foto, ma si annoiano.
a. Guardano le foto, ma non gli piacciono.
b. Guardando le foto, non si divertono.
c. Si divertono guardando le foto.

2. Creiamo un gruppo con tutti i nomi.
a. Inseriscono i nomi in un unico gruppo.
b. Hanno un gruppo con tanti nomi.
c. Nel gruppo ci sono molti nomi.

3. Ho un lavoretto part time, mi sto laureando...
a. Non studio, lavoro.
b. Ho un piccolo lavoro, sono alla fine dell'Università
c. Lavoro mezza giornata come donna delle pulizie.

Ristorante, trattoria e osteria

Ristorante: è un locale che offre pasti completi, con servizio al tavolo.
Trattoria: è un locale di tipo popolare, tipicamente italiano. Il nome viene dal francese *traiteur*, che a sua volta viene dal latino *tractare*, cioè *trattare, preparare*. La cucina è di tipo locale-regionale. Il servizio, così come l'arredamento del locale, è più semplice di quello di un ristorante; la cucina può essere anche di alto livello, sebbene la varietà dei piatti sia limitata.
Osteria: in passato era una locanda in cui si poteva trovare un semplice alloggio e bere vino. La funzione è cambiata: adesso è un locale relativamente semplice in cui si beve e si mangia, come in una trattoria.

Al di là delle definizioni, è diventato difficile tracciare linee nette tra le varie tipologie di locale, poiché spesso la definizione è legata ad una strategia di marketing. Il nome *trattoria* o *osteria* è spesso più invitante, in quanto richiama sapori antichi che il ristorante non offre.

Congiuntivo presente, passato, imperfetto e trapassato

Il congiuntivo ha *quattro tempi*,

due semplici:

- *presente* e **imperfetto**
  Spero che Luisa *arrivi* tra poco/domani/presto...> presente
  (Ho appena saputo che *non viene*)
  Peccato! ***Speravo*** che ***venisse***...> imperfetto

due composti:

- *passato* e **trapassato**
  Lui *dubita* che loro *siano già tornati*, *pensa* che *abbiano perso* il treno > passato
  (Invece hanno preso il treno in orario e sono già arrivati)
  Lui **dubitava** che **fossero** già **tornati, pensava** che **avessero perso** il treno > trapassato

Come il *congiuntivo presente* e *passato*, anche il ***congiuntivo imperfetto*** e ***trapassato*** si usano in frasi dipendenti da un verbo che esprime soggettività (opinione, desiderio, incertezza…) *al passato*, generalmente *imperfetto*, in quanto è descrittivo di una situazione. Al **passato prossimo** indica una **limitazione temporale:**

- **Pensavo** che **fosse** arrabbiato con me, ma era solo stanco e non aveva voglia di parlare.
- Per un attimo ***ho creduto*** *che* **fosse** arrabbiato con me, **ma poi** ho capito che era solo stanco e non aveva voglia di parlare.

Il *congiuntivo imperfetto* esprime *<u>contemporaneità</u>*

- **Credevo** che ***tornasse*** presto. (indicativo: *imperfetto*/passato prossimo – congiuntivo: *imperfetto*)

Il *congiuntivo trapassato* esprime *<u>anteriorità</u>*

- **Credevo** che ***fosse tornato*** presto. (indicativo: *imperfetto*/passato prossimo – congiuntivo: *trapassato**)

Congiuntivo presente e passato	Congiuntivo imperfetto e trapassato
Credo che Claudia **arrivi** domani.	**Pensavo** che **arrivasse** ieri, ma gli ho telefonato e mi ha detto che viene tra una settimana.
Penso che **sia** già **arrivata**.	**Credevo** che **fosse** già **arrivata**, ma Tim mi ha detto che non è ancora tornata.
Ci sembra che **mangino** molto presto.	**Ci pareva** che **mangiassero** presto, invece hanno detto che non cenano prima delle 21.
Crediamo che **abbiano** già **mangiato.**	**Credevamo** che **avessero** già **mangiato**, invece cenano solo alle 21. Dobbiamo rimandare il nostro incontro.

*Trapassato: è un'azione al passato che si realizza prima di un'altra espressa al passato. (Capitolo 20: trapassato prossimo)

Verbo della frase principale al condizionale

Quando il verbo della frase principale è al **condizionale** – *presente* o *passato* – nella dipendente si usa il **congiuntivo** – *imperfetto* o *trapassato*.

- Ci **farebbe** piacere se **veniste** a trovarci. (è un nostro desiderio)
- Ci **avrebbe fatto** piacere se **foste venuti** a trovarci. (ma non hanno potuto e non sono venuti)
- **Vorrebbe** che io gli **telefonassi** domani. (è un suo desiderio)
- **Avrebbe voluto** che gli **avessi telefonato** ieri. (era un suo desiderio ma non ho potuto)

Congiuntivo imperfetto di essere e avere

essere	**avere**
foss**i**	avess**i**
foss**i**	avess**i**
foss**e**	avess**e**
fossimo	avessimo
foste	aveste
fossero	avessero

- **Vorrei** che mio figlio **fosse** più studioso.
- **Credeva** che io non **lavorassi** e **avessi** tempo.

Verbi regolari

and**are**	ved**ere**	fin**ire**	bere
and**assi**	ved**essi**	fin**issi**	bev**essi**
and**assi**	ved**essi**	fin**issi**	bev**essi**
and**asse**	ved**esse**	fin**isse**	bev**esse**
and**assimo**	ved**essimo**	fin**issimo**	bev**essimo**
and**aste**	ved**este**	fin**iste**	bev**este**
and**assero**	ved**essero**	fin**issero**	bev**essero**

- **Pensavano** che **andassimo** con loro, ma vogliamo andare con la nostra macchina.
- **Mi sembrava** che **vi vedeste** più spesso. (ma tu mi hai detto che vi incontrate solo due volte al mese)
- **Credevano** che il film **finisse** alle 10. (invece è finito un'ora dopo!)
- Non bevi vino? **Pensavo** che lo **bevessi**, per questo ho comprato due bottiglie di Barolo.

Verbi irregolari

dare	dire	fare	stare	tradurre
d**e**ssi	dic**e**ssi	fac**e**ssi	st**e**ssi	tradu**ce**ssi
d**e**ssi	dic**e**ssi	fac**e**ssi	st**e**ssi	traduc**e**ssi
d**e**sse	dic**e**sse	fac**e**sse	st**e**sse	traduc**e**sse
d**e**ssimo	dic**e**ssimo	fac**e**ssimo	st**e**ssimo	traduc**e**ssimo
d**e**ste	dic**e**ste	fac**e**ste	st**e**ste	traduc**e**ste
d**e**ssero	dic**e**ssero	fac**e**ssero	st**e**ssero	traduc**e**ssero

- **Mi piacerebbe** che tu **dessi** quell'esame e lo superassi.
- **Vorrei** che mi **dicessero** la verità.
- **Bisognerebbe** che **facessi** un po' più di sport per perdere un po' di chili.
- Sei ancora raffreddato? **Credevo** che **stessi** meglio.
- **Volevano** che **traducessimo** quel testo, ma non abbiamo il dizionario.

Attività

1. Dal presente all'imperfetto

Esempi:
1. Credo che lui **mangi** al ristorante.
Credevo che **mangiasse** al ristorante, invece è rimasto a casa.
2. Penso che lei **torni** stasera.
Pensavo che **tornasse** stasera, invece torna domani.

1. Non so se **studino**, credo che **lavorino**.
Ah! Non sapevo che ______________, credevo che ________________.
2. Ci sembra che **siano** in vacanza.
Sono a casa? Ci sembrava che _________________ in vacanza.
3. Non credo che **si conoscano**.
Sono amici? Non immaginavo che _________________.
4. Non sono sicura che voi **riusciate** ad arrivare in tempo.
Siete già qui! Non mi aspettavo che _________________ in tempo.
5. Desideriamo che **traducano** questo testo per noi.
Volevamo che _________________ questo testo, ma non potevano.
6. Era malato, spero che **stia** meglio e **torni** presto al lavoro.
È ancora a letto? Speravo che ________________ e _________________ al lavoro.
7. Per stasera ho preparato l'arrosto, credo che gli **piaccia**... non penso che **siano** vegani!
Che figura! Avevo preparato l'arrosto, credevo che gli _________________ e non _________________ vegani!
8. Ci hanno invitato a cena, speriamo che **sappiano** cucinare...
Non pensavamo che _________________ cucinare così bene. Abbiamo mangiato benissimo.
9. Spero che **possano** venire in vacanza con noi.
Speravo che ____________ venire con noi; invece, il capo non gli ha dato le ferie.
10. Pensano che i loro figli **vogliano** continuare a studiare.
Speravano che i loro figli _________________ continuare a studiare, invece, dopo la maturità, vogliono andare a lavorare.

2. Dal passato al trapassato

Esempi:
1. Credo che **abbia mangiato** al ristorante.
Credevo che **avesse mangiato**, invece era rimasto a casa.
2. Penso che **siano** già **tornate**.
Pensavo che **fossero** già **tornate**, invece sono ancora in vacanza.

1. Mi sembra che l'anno scorso **siano stati** in Thailandia.
Sono stati in Spagna? Mi sembrava che _______________ in Thailandia.
2. Chi ha pagato?" „Credo che **abbia pagato** Matthias."
Matthias non aveva soldi? Pensavo che _______________ lui.
3. Hanno litigato di nuovo, mi immagino che stavolta **si siano lasciati**...
Come, stanno ancora insieme? Pensavo proprio che _______________.
4. Mi pare che **abbiano comprato** un appartamento in centro.
Abitano in campagna? Mi pareva che _______________ un appartamento in città.
5. Spero che **siate stati** al cinema e **abbiate visto** il film che vi ho consigliato.
Non l'avete visto? Speravo che _______________ al cinema e _______________ quel film.
6. Avete dato l'esame? Spero che l'**abbiate superato**...
È andato male? Speravo che l'_______________...
7. Non so se le ragazze **siano** già **state** dal parrucchiere...
Ancora no? Avrei voluto che ci _______________.
8. Senti come gridano! Sembra che qualcuno **si sia fatto male**...
Sembrava che qualcuno _______________ male e invece stavano litigando.
9. La scatola con i bicchieri è caduta... temo che **si siano rotti**...
È caduta la scatola dei bicchieri, credevo che _______________ ma fortunatamente il polistirolo ha attutito il colpo.
10. Hai visto il film? Spero che **ti sia piaciuto**...
No? Speravo che _______________

2. Completa le frasi

purché   solo se   affinché   sebbene   prima che

1. ___________ avesse ancora sonno, Karl ha dovuto alzarsi presto.
2. Avrei cucinato io, __________ lui avesse fatto la spesa... ma il frigo era vuoto.
3. Avrei fatto qualunque cosa ___________tornasse...
4. Sono arrivata alla stazione qualche minuto __________ partisse il treno.
5. Avrebbe potuto comprarsi una macchina ___________ gli avessero aumentato lo stipendio.

17 Dove nasce il Po | Wo der Po entspringt

La vacanza sta per finire. Sono gli ultimi giorni e i nostri ragazzi sono già un po' tristi. Ma oggi andranno sul Monviso, alla sorgente del fiume Po.

Klaus: (attraverso l'interfono) Ragazzi, forse siamo arrivati, credo che si debba parcheggiare qui… vedo tutte le macchine parcheggiate e la gente che sale a piedi verso la sorgente…

Tim: Non so se si possa proseguire con le moto…

Jan: Fermiamoci e chiediamo come si arriva. C'è un bar, lì. **Se non possiamo proseguire** con le moto, le **lasciamo** al parcheggio. Ma **se non fosse possibile**, come **potremmo** arrivarci?

Approfittano (1) per un caffè e per andare in bagno

Tim: Mentre eravate in bagno ho chiesto al barista come possiamo arrivare alla sorgente.

Jan: È possibile arrivare con le moto?

Tim: No, dobbiamo andare a piedi. Ci sarebbe *una navetta (2)* ma dalla fine di agosto fa servizio solo il sabato e la domenica, oggi è martedì. Da qui c'è un sentiero, in un ora, al massimo, siamo alla sorgente. **Se fossimo venuti** due giorni fa, **saremmo potuti** salire con la navetta.

Klaus: Il sentiero dovrebbe cominciare da lì, vedete quella *strada sterrata (3)?*

Jan: Andiamo, dai! **Se non ci muoviamo**, **arriveremo** troppo tardi. **Se avessimo** tempo, **potremmo** salire anche un po' più su…

Dopo un percorso in leggera salita, su cui hanno visto anche due cascatelle, arrivano alla sorgente.

Klaus: Pensavo che il percorso fosse più difficile e che ci volesse più tempo… **Se avessimo preso** la navetta non **avremmo visto** tutti i bellissimi panorami.

Jan: Anch'io da laggiù avevo l'impressione che avremmo impiegato più tempo, ci abbiamo messo meno di un'ora.

Tim (indica *un masso (4)* con una scritta): Ragazzi, guardate, „Qui nasce il Po", il fiume più lungo d'Italia, quello con il nome più corto.

Klaus: Ragazzi, **se non fossimo saliti** fin qui, adesso non **sapremmo** quanto sono belle queste montagne.

Vocabolario

(1) **approfittare:** prendere l'occasione

(2) **la navetta:** autobus per spostamenti regolari tra due punti. Es.: Aeroporto-città

(3) **strada sterrata:** strada non asfaltata

(4) **il masso:** grande frammento di roccia

Comprensione del testo

1. Approfittano per un caffè e per andare in bagno.
a. La fermata è l'occasione per prendere il caffè e fare il bagno.
b. La fermata è l'occasione per fare il caffè e andare alla toilette.
c. La fermata è l'occasione per bere un caffè e andare alla toilette.

2. Ci sarebbe una navetta /…/
a. C'è la possibilità di prendere una nave.
b. C'è la possibilità di prendere uno shuttle.
c. C'è la possibilità di prendere un autobus di linea.

3. /…/ un percorso in leggera salita /…/
a. La strada sale un po'.
b. La salita è dura.
c. La strada è piana.

Il fiume Po

Il Po è sì il fiume più lungo d'Italia, ma ha il nome più corto! Per 652 km, attraversa Torino (Piemonte), Piacenza (Emilia), Cremona (Lombardia) e Ferrara (Romagna) e segna così il confine tra Lombardia ed Emilia-Romagna e tra Emilia-Romagna e Veneto. Per la maggior parte scorre sul territorio della Pianura Padana. In latino il Po era chiamato Padus, da qui l'aggettivo *padano,* che molti di voi conoscono per il *Grana Padano*, il noto formaggio.
Il fiume sgorga ai piedi del Monviso, sulle Alpi Cozie. All'altezza del Polesine si divide in cinque rami e forma un ampio delta. Sfocia nel Mar Adriatico.

Il periodo ipotetico: Ipotesi (se) + conseguenza

Cos'è il periodo ipotetico?
Esprime un'ipotesi; *qualcosa che potrebbe verificarsi o no* – **conseguenza**, solo se *si realizza o no* una situazione – **ipotesi**.

1. Il periodo ipotetico della *realtà*:
Periodo ipotetico della ***realtà***: *può succedere, molto probabile.*

- Se non **possiamo** proseguire, **lasciamo** le moto al parcheggio.
  Se **presente + presente**
- Se non **potremo** proseguire, **lasceremo** le moto al parcheggio.
  Se **futuro + futuro**
- Se non **ci muoviamo**, **arriveremo** tardi.
  Se **presente + futuro**
- Se non **puoi/potrai** proseguire, **lascia** la moto e **va'** a piedi.
  Se **presente/futuro + imperativo**

2. Periodo ipotetico della *possibilità*: *potrebbe anche succedere, ma nell'immediato non vedo questa possibilità.*

- Se **avessimo** tempo, **potremmo** salire anche un po' più su.
  Se **congiuntivo imperfetto + condizionale**

3. Periodo ipotetico dell'*impossibilità*: *è impossibile, perché è nel passato. Ma la conseguenza si può protrarre nel presente*.*

- Se **fossimo venuti** *due giorni fa*, **saremmo potuti** salire con la navetta.
  ***Se* congiuntivo trapassato + condizionale passato**
- Se non **fossimo saliti** fin qui, *adesso* non **sapremmo** quanto sono belle queste montagne.
  Se* congiuntivo trapassato + condizionale presente (ora)

Attività

1. Collega le frasi: periodo ipotetico della realtà.

1. *Se* mi *aspetti* un momento,	**a.** *se volete* vedere bene.
2. *Dobbiamo partire* presto	**b.** *prendi* l'ombrello.
3. *Solo se* studi	**c.** domani ti *telefono.*
4. *Sedetevi* qui davanti	**d.** *ti posso* dare un passaggio.
5. Piove! *Se* non *vuoi* bagnarti come ieri	**e.** in frigo *c'è* una bottiglia d'acqua.
6. Domani *andiamo* a trovarli	**f.** *accendi*la pure!
7. *Se vuoi* vedere la televisione,	**g.** *se hai* ancora la febbre.
8. *Se* mi *dai* il tuo numero,	**h.** *se* non *vogliamo* trovare traffico.
9. *Non puoi* tornare al lavoro	**i.** *supererai* l'esame.
10. *Se hai* sete	**j.** *se sono tornati* dalle vacanze.

1.___; 2___; 3:___; 4.___; 5.___; 6.___; 7.___; 8.___; 9.___;10.___

2. Completa con i verbi dati: periodo ipotetico della possibilità.

studiassero verreste piovesse verrei spendeste comprerei abitassimo piacerebbe fossero licenzierei

1. Se aveste tempo, ________________ a teatro con noi?
2. Ci ________________ fare un giro in Italia, se potessimo avere qualche giorno in più di ferie.
3. ________________ volentieri al bar con voi, se domani non dovessi alzarmi presto.
4. Se ________________ di più, invece di giocare con il cellulare, non avrebbero problemi a scuola.
5. Se ________________ in campagna, respireremmo aria migliore ma dovremmo usare la macchina tutti i giorni per andare al lavoro.
6. Non avreste così tanti problemi economici, se ________________ meno.
7. Se non ________________ così forte, andremmo a fare una camminata.
8. Se non________________ così stanchi, uscirebbero.
9. Mi ________________, se solo trovassi un altro lavoro.
10. La ________________ subito, se questa casa fosse in vendita.

3. Completa le ipotesi con la conseguenza al passato e al presente.

1. Se tu avessi avuto più pazienza, (controllare) _________________ meglio e ora non (dovere) _________________ rifare tutto.
2. Se fossimo tornate prima, (mangiare) _________________ insieme a loro. Ora non (stare) _________________ qui a cucinare!
3. Se fossero stati più prudenti, (fermarsi) _________________ al semaforo. Ora la macchina non (essere) _________________ dal meccanico.
4. Se aveste avuto coraggio, (andare) _________________ a parlare con il direttore e ora, forse, (ricevere) _________________ uno stipendio maggiore.
5. Se il fine settimana ti fossi riposata, stamattina (alzarsi) _________________ in tempo e ora (potere) _________________ fare colazione in pace.
6. Se ieri fosse stato bel tempo, (loro, fare) _________________ una gita al mare e oggi (loro, essere) _________________ più contenti.
7. Oggi è il compleanno di Jan: se non fosse già partito, (noi, potere) _________________ festeggiare. Adesso (noi, mangiare) _________________ una bella torta!
8. I libri ce li ha Matteo: se l'avessi visto, glieli (io, chiedere) _________________e adesso (potere) _________________ studiare.
9. Se non si fossero fermate a parlare con le amiche, non (perdere) _________________ l'autobus e ora (essere) _________________ già a casa.
10. Se quella volta non avessi avuto così sete, non (io, fermarsi) _________________ al bar… e adesso non (noi, vivere) _________________ insieme.

18 In Liguria | In Ligurien

Dopo aver lasciato Torino, i nostri motociclisti si dirigono verso la Liguria. Scoprono *l'entroterra (1)* ligure della Riviera di Ponente e visitano qualche borgo. Adesso si trovano a Dolceacqua.

Tim: Ma perché si chiama Riviera di Ponente? Vorrei tanto saperlo…

Klaus: E se cercassimo su Internet? Ora guardo…

Jan: Durante una lezione d'italiano abbiamo trovato il verbo *porre*, vi ricordate? **Capire** è stato difficile… al presente indicativo si coniuga *pongo, poni, pone*… e si può usare come *mettere* e anche come *porre una domanda*…. Può darsi che *ponente* abbia a che fare con *porre?*

Klaus: Buona intuizione! Qui dice che *porre* anticamente era *ponere* e il verbo significava *tramontare*… quindi *Ponente* è dove tramonta il sole, cioè ad Ovest. E *Levante* deriva da *levare,* che significa *togliere* o anche *sollevare, alzare*, dunque è il punto dove sorge il sole, vale a dire Est. Hai capito, Tim?

Tim: Sì, credo di **aver capito**. Siamo vicinissimi alla Costa Azzurra. **Salire** al castello sarebbe interessante. Che ne dite?

Jan: *Prima di* andare verso il ponte medievale sul *torrente (2)* Nervia, potremmo visitare il borgo, attraversiamo i *caruggi* e saliamo fino al castello.

Klaus: I *caruggi*?

Jan: Leggere aiuta! Mentre voi dormivate, io ho letto qualcosa sulla Liguria: i *caruggi* sono i vicoli delle cittadine liguri.

Dopo una *breve (3)* salita arrivano al castello.

Klaus: Da quassù si gode di uno splendido panorama. Ragazzi, se foste d'accordo, potremmo restare qui due giorni. Il mare è solo a cinque chilometri. Camminando ho visto dei B&B. Andiamo al mare e la sera torniamo a dormire. Siete d'accordo?

Tim: Sì, il tempo è ancora bello, un po' di sole e un po' di mare, **prima di tornare** a Monaco, sarebbe l'ideale!

Vocabolario

(1) **entroterra:** zona lontana dalla costa, all'interno.

(2) **il torrente:** piccolo corso d'acqua che si trova soprattutto in montagna.

(3) **breve:** corto, non lungo.

Comprensione del testo

1. /.../ l'entroterra ligure /.../

a. La terra di Liguria
b. La zona della Liguria non vicina al mare.
c. La sabbia del Mar Ligure.

2. Può darsi che /.../ **abbia a che fare con**/.../

a. Forse /.../ deve fare con/.../
b. Forse /.../ha da fare con /.../
c. Forse /... /ha un collegamento con /.../

3. /.../il ponte medievale sul torrente Nervia /.../

a. Il ponte medio della torre Nervia
b. Il ponte del Medioevo su un corso d'acqua
c. Il ponte del Medio Evo su una torre

Liguria

È una regione dell'Italia nord-occidentale. Si estende sul mare, il quale dalla regione prende il nome: il Mar Ligure. È una sottile fascia di terra, montuosa e collinare al tempo stesso, dove i rilievi montuosi scendono fino al mare creando una costa alta e *frastagliata (1)*. Questo tipo di terreno, poco adatto alle coltivazioni, è stato reso coltivabile dalla creazione di terrazzamenti: adesso su queste aree, grazie anche ad un clima favorevole, si coltivano viti, ulivi, ortaggi e fiori.
Il settore industriale è concentrato sul settore navale, petrolifero e chimico, sfruttando strategicamente la posizione costiera per il trasporto marittimo.
Il turismo è un altro settore importantissimo per la regione, che offre un clima mite e bellezze naturali come il Parco regionale delle Cinque Terre e antichi *borghi (2)* medievali.

Vocabolario

(1) **frastagliato/a:** irregolare, non lineare
(2) **il borgo:** piccolo paese circondato da mura

L'infinito

È un *modo indefinito*, cioè non chiarisce né il tempo né la persona dell'azione. Può essere sostituito da un *sostantivo.*

Ha due forme:

- presente: *Muoversi* è importante per la salute. (Il movimento)
- passato: Mi ha fatto piacere *averti incontrato.* (L'incontro con te)

Usi dell'infinito

Infinito presente	Infinito passato
Leggere aiuta. (la lettura) **Salire** al castello sarebbe interessante. (la salita) **Prima di andare** verso il ponte, potremmo visitare il borgo.	**Aver letto** molto mi ha aiutato. **Essere saliti** al castello è stato molto interessante. **Dopo aver lasciato** Torino, si dirigono verso la Liguria.

Nota!

- Anche quando il nome è femminile, l'infinito è sempre maschile:
  - **Salire** al castello è faticos**o.** / **La** salita è faticos**a.**
  - **Comprendere** è difficoltos**o.** / **La** comprensione è difficoltos**a.**
- **Si usa** l'infinito quando **i soggetti sono gli stessi** nella frase principale e in quella dipendente:

Mi dispiace di non **averti vista**
(**Io** sono dispiaciuto perché **io** non ti ho vista)

Mario pensa di non **finire** in tempo la traduzione
(**Lui** pensa – **lui** non finisce in tempo)

(di questo uso si è già parlato nel Cap.8, pag. 69)

- L'infinito di **avere** perde la ***e*** finale: *aver* …

Attività

1. Sostituisci il sostantivo con un infinito. Attenzione agli accordi. Eliminare le eventuali preposizioni.

Esempi:
1. **Il nuoto** fa bene. **Nuotare** fa bene.
2. **La vista di** quella montagna è stat**a** emozionante. **Vedere** ~~(di)~~ quella montagna è stat**o** emozionante.

1. La lettura è importante per bambini e adulti.

____

2. Lo studio delle lingue aiuta la memoria.

____

3. Si sa che *il fumo* fa male alla salute.

____

4. La salita è stata molto faticosa.

____

5. La comprensione di un testo in lingua straniera non è semplice.

____

6. Per lui *la cucina* è una passione.

____

7. Da giovane gli piaceva *la corsa*, ora preferisce *il nuoto.*

____

8. Il lavoro in quella ditta non gli piace.

____

9. Per i bambini, *il gioco* è importantissimo.

____

10. Anche *l'ascolto* della radio è importante per *l'apprendimento* di una lingua. ______________________________________

2. Trasforma i verbi all'infinito passato.

Esempi:
1. Prima di cominciare a **studiare**, ha preso un caffè.
Dopo **aver studiato**, è uscita.
2. Prima di **tornare**, lei ha fatto la spesa.
Dopo **essere tornata**, ha cucinato.

1. Prima di **andare** a letto ci siamo lavati i denti.
Dopo _______________ a letto, ci siamo ricordati che non avevamo spento la luce.

2. Prima di **fare la spesa**, abbiamo scritto quello che dovevamo comprare.
Dopo _______________, siamo tornati subito a casa, perché i sacchetti erano pesanti.

3. Prima di **partire** per un viaggio lungo, Clara controlla sempre la macchina.
Dopo _______________, normalmente si ferma solo a metà strada per una pausa.

4. Prima di **leggere** questo libro, non ho letto le critiche per non farmi influenzare.
Dopo _______________ questo libro, l'ho consigliato ad alcune persone.

5. Prima di **cominciare** l'Università, hanno pensato molto a cosa studiare.
Dopo _______________ l'Università, hanno deciso di cambiare facoltà.

19 Venezia | Venedig

I ragazzi hanno deciso di andare a Venezia, dove *soggiorneranno (1)* gli ultimi due giorni. Prima di partire dalla Liguria avevano prenotato un B&B vicino a Rialto. Non essendo mai stati a Venezia, vogliono godersela.

Jan: In Liguria abbiamo camminato per i caruggi, qui le strade si chiamano *calli*…

Klaus: Ma il *callo* non è *un indurimento (2)* della pelle che si forma sul palmo della mano e sotto i piedi?

Jan: Quello è il callo, certo… la strada si chiama *la calle,* è femminile.

Tim: Ragazzi, ci penseremo poi, alla scuola. Voglio comprare qualcosa anche a Venezia. A Torino ho preso il cioccolato per mia madre e alcune calamite che regalerò agli amici. **Trovando** qualcosa che sia tipico della città, lo prenderei.

Klaus: Io a Torino ho preso dei piccoli galli e un piatto in ceramica, su cui sono disegnati alcuni uccelli. Mi hanno detto che il gallo è una decorazione che si trova spesso sulla ceramica di Mondovì, la città da cui provengono questi oggetti.

Jan: Avendo già **comprato** delle cose di *coccio (3)* a Dolceacqua, qui preferirei prendere qualcosa di diverso, una maschera tipica o un oggetto in vetro di Murano.

Klaus: Ecco, là c'è un negozio, in cui sembra ci siano cose molto carine.

Entrano.

Tim: Guardate che bella maschera… è stupenda con queste piume lilla.

Klaus: Piacendomi qualcosa di più sobrio, preferisco l'altra, con semplici decorazioni dorate.

Jan: In realtà sono tutte bellissime. Anche la bianca, decorata in nero con quel naso lungo. Prendo quella.

Tim: Io quella con le piume.

Klaus: Io quella dorata. Ragazzi, paghiamo, poi **andando** verso l'alloggio, ci fermiamo a prendere un bel gelato.

Tim: Vicino a Piazza San Marco c'è una gelateria, raccomandata anche dalle guide turistiche.

Jan: Finiamo la nostra vacanza, **gustando** un bel gelato! È il motivo, per il quale siamo venuti in Italia, no?

Vocabolario

(1) **soggiornare:** rimanere per un periodo di tempo in un luogo

(2) **l'indurimento:** un punto che è diventato duro, si è indurito. Es.: sulla pelle

(3) **il coccio:** terracotta non molto pregiata

Comprensione del testo

1. /.../il callo è un indurimento della pelle che si forma sul palmo della mano /.../

a. Il callo è la pelle della mano che diventa dura quando si sale su una palma.
b. Il callo si forma durante la salita su una palma.
c. Il callo è la pelle che diventa dura sulla parte interna della mano.

2. /.../ oggetti di coccio /.../

a. Prodotti di terracotta.
b. Prodotti di legno.
c. Prodotti di marmo.

3. /.../ qualcosa di più sobrio /.../

a. Una cosa più bella.
b. Una cosa meno esagerata.
c. Una cosa meno brutta.

Venezia

È il capoluogo della Regione Veneto ed è situata nel cuore della laguna veneta. Si suddivide in tre parti: la città storica lagunare, le isole della laguna e Mestre-Marghera, zona in cui si trovano i grandi impianti industriali veneziani (Marghera) e le attività legate alle funzioni amministrative (Mestre).
Il turismo è il fulcro economico della città, per il suo fascino indiscusso ma anche per la particolarità dell'ambiente, essendo una città praticamente sull'acqua.
Anche a livello culturale, Venezia offre manifestazioni uniche: il suo carnevale, la Regata Storica di Canal Grande, rassegne culturali come la Biennale d'Arte, durante la quale viene assegnato il Leone* d'Oro, la Mostra Internazionale del Cinema e il premio letterario Campiello, uno dei più importanti d'Italia.

*Il Leone di San Marco è il simbolo di Venezia.

Il gerundio

Esprime un'*azione* che avviene *contemporaneamente* a un'altra.
Il gerundio è formato con i suffissi **-ando** e **-endo** (vedi capitolo 14).

Verbi con **-are**: suffisso **-ANDO**
Verbi con **-ere**: suffisso **-ENDO**
Verbi con **-ire**: suffisso **-ENDO**

Gerundio presente e gerundio passato

Gerundio presente	Gerundio passato
Tempi semplici	**Tempi composti**
Camminando per le calli, conversano.	**Avendo** già **comprato** oggetti di coccio, preferirei qualcosa di diverso.
Trovando qualcosa di tipico, lo prenderei.	Non **essendo** mai **stati** a Venezia, vogliono godersela.

Il gerundio viene utilizzato nei seguenti casi:

1. Temporale: Camminando per le calli, conversano.
> ***Mentre*** camminano /.../ (Mentre, quando)

2. Causale: Piacendomi qualcosa di più sobrio /.../
>***Poiché*** mi piace qualcosa/.../ (Perché, siccome, dato che)

3. Modale: Finiamo la nostra vacanza, **gustando** un bel gelato.
> ***Come***? (in che modo? Come?)

4. Ipotetico: Trovando qualcosa di tipico, lo prenderei.
> ***Se*** trovassi/.../ (Se)

5. Concessivo: *Pur* avendo corso, ha perso l'autobus.
> ***Anche se*** ha corso/.../, **benché** abbia corso/.../ (Anche se, nonostante/malgrado/benché/sebbene)

Nota!

Il pronome si attacca al gerundio ("piacendomi").
Nella *concessiva* il gerundio è preceduto da *pur* ("pur avendo corso).

Attività

1. Sostituisci le parti in neretto con il gerundio presente

Esempio: **Mentre camminavo**, sono caduto. **Camminando**, sono caduto.

1. **Poiché era** in ritardo, ha telefonato per avvertire.

---

2. **Mentre torni** a casa, puoi comprare un po' di pane?

---

3. A scuola non prendeva buoni vuoti, **anche se studiava molto.**

---

4. **Perché lo conosco**, so che non verrà.

---

5. **Se stesse più attento**, capirebbe meglio.

---

2. Sostituisci le parti in neretto con il gerundio passato

Esempio:
Siccome sono stato malato, non ho lavorato.
Essendo stato malato, non ho lavorato.

1. **Dato che mi ha fatto arrabbiare,** l'ho cacciato.

---

2. È caduta, **perché non è stata attenta.**

---

3. **Siccome non è tornato in tempo,** ha perso l'inizio della partita.

---

4. È riuscito a far studiare i suoi figli, **anche se non ha avuto molta fortuna.**

---

5. **Poiché non ha letto i giornali,** non sa cos'è successo.

---

20 A presto, Italia | Bis bald, Italien

È il giorno della partenza. Dopo la colazione al B&B, caricando i bagagli, Jan si accorge che una *cinghia (1)* per i bagagli è rotta. Gliene serve una nuova e chiede alla portiera dove sia possibile comprarla.

Jan: Accidenti, proprio adesso. **Era andato** tutto bene, **avevamo preparato** tutto ed eravamo in orario, proprio adesso doveva rompersi?

Tim: Stai calmo! Adesso chiediamo alla portiera…

Rientrano

Jan: Buongiorno, mi si è rotta la cinghia portabagagli e dovrei comprarne una nuova. Sa dove potrei trovare un negozio di articoli per motociclisti?

Por.: Da Rialto deve prendere il vaporetto e scendere a Piazzale Roma. Lì c'è un bus. Dalla fermata arriva in pochi minuti al negozio.

Jan: Potrebbe scrivere a quali fermate devo scendere e il nome del negozio? Non vorrei perdere molto tempo a cercare, **avevamo previsto** di partire stamattina…

Por.: Certamente (scrive)! Ecco a Lei. Eventualmente può chiedere a qualcuno.

Jan: Grazie mille. A che ora dobbiamo lasciare la stanza?

Por.: *Entro (2)* le 12:00.

Jan: Quanto tempo ci vuole ad arrivare al negozio?

Por.: Circa mezz'ora!

Jan: Ragazzi, vado io da solo. Spero di *farcela (3)* prima di mezzogiorno. Voi intanto finite di caricare le vostre moto. Appena sarò tornato, partiremo.

Por.: Faccia con calma!

Klaus: Eventualmente partiamo senza di te.

Tim: Senti chi parla, a causa tua siamo arrivati a Torino molto più tardi.

Dopo poco più di un'ora Jan è di ritorno con la cinghia

Jan: *Ci ho messo un po' di più (4)*, perché **avevo sbagliato** autobus, ma me ne sono accorto quasi subito e alla seconda fermata sono sceso.

Tim: Ragazzi, siamo pronti per la partenza?

Tutti: Ciao, Italia!

Vocabolario

(1) **la cinghia:** cintura usata per tenere fermo qualcosa
(2) **entro le 12:00:** fino alle 12, poi non è più possibile
(3) **farcela:** riuscire
(4) **ci ho messo un po' di più:** mi è servito un po' più tempo

Comprensione del testo

1. Avevamo previsto di partire stamattina.
a. Ci eravamo visti stamattina prima di partire.
b. Siamo partiti oggi, presto.
c. Il nostro programma era partire oggi, presto.

2. Spero di farcela prima di mezzogiorno.
a. La mia speranza è riuscire a fare tutto in mezza giornata.
b. La mia speranza è riuscire a fare tutto prima delle ore 12.
c. La mia speranza è riuscire a fare la metà in un giorno.

3. Ci ho messo un po' di più, perché avevo sbagliato autobus.
a. Ho avuto bisogno di più tempo, perché avevo perso l'autobus.
b. Ho avuto bisogno di più tempo, perché non ho preso l'autobus.
c. Ho avuto bisogno di più tempo, perché non ho preso l'autobus giusto.

Il vaporetto e la gondola

Il vaporetto è un'imbarcazione usata come mezzo di trasporto pubblico di linea lungo i canali navigabili, le strade di Venezia. I vaporetti moderni sono naturalmente a motore, ma vengono ancora chiamati con lo stesso nome di quando viaggiavano a vapore. Il servizio può essere equiparato a quello delle linee d'autobus.

La gondola è l'immagine più conosciuta di Venezia. È composta da 280 pezzi di 8 tipi di legno, tutti lavorati a mano. Sembrano tutte uguali ma ci sono differenze.
In tutto sono rimasti 433 gondolieri, ognuno dei quali ha la propria imbarcazione, fatta su misura, in base anche alle caratteristiche fisiche del gondoliere.
Una gondola pesa circa 500 kg, a vuoto, ma il peso aumenta notevolmente con i passeggeri, che possono essere fino a 6. Ha una larghezza di 1,44 metri e una lunghezza di 20,85 metri. È di forma asimmetrica, poiché il lato destro è più sporgente del sinistro: questo per compensare la spinta data dal fatto che il gondoliere ha un solo remo, a destra.

Trapassato prossimo

Il *trapassato prossimo* indica un'azione nel *passato* avvenuta *prima* di un'altra azione al passato:

Sto parlando con Klaus…	…„Ieri **ho incontrato** Marco e mi **ha detto** che…	…**era appena tornato** da Londra, dove **aveva incontrato…**	…un suo vecchio compagno che non **vedeva** da anni.
Gerundio: *Ora* adesso sto parlando…	**Passato prossimo: *Ieri*** di ciò che è successo…	**Trapassato prossimo: *Prima di ieri*** azione in forma di racconto, non riguarda l'incontro.	**Imperfetto: *Descrizione*** *sempre* imperfetto!

Coniugazione

Il *trapassato prossimo* è un tempo composto che si forma con **l'imperfetto di avere** o **essere** e **il participio passato.**

andare	dire
ero andat**o/a**	avevo **detto**
eri andat**o/a**	avevi **detto**
era andat**o/a**	aveva **detto**
eravamo andat**i/e**	avevamo **detto**
eravate andat**i/e**	avevate **detto**
erano andat**i/e**	avevano **detto**

- **Era andato** tutto bene, ma la cinghia *si è rotta* (proprio adesso doveva rompersi?)
- **Avevo sbagliato** autobus, ma *me ne sono accorto* quasi subito e alla seconda fermata *sono sceso.*

Attività

1. Collega le frasi

1. Lei non è voluta venire al cinema con noi,	**a.** quando improvvisamente è andata via la luce.
2. *Era* appena *tornata*,	**b.** che *aveva imparato* a scuola.
3. Non si ricordava	**c.** la storia che gli *avevo letto* la sera precedente.
4. *Aveva* quasi *finito* di scrivere quella mail,	**d.** perché *aveva* già *visto* il film.
5. *Eri* già *stata* in questo locale?	**e.** quello che *era successo* in ufficio.
6. Gli ho chiesto	**f.** ed è dovuta uscire di nuovo.
7. Mio figlio ha voluto che gli raccontassi di nuovo	**g.** quello che *aveva* appena appena *letto*
8. L'abbiamo incontrato e ci ha raccontato	**h.** che lui *aveva avuto* un incidente.
9. Il bambino ha recitato la poesia	**i.** dove *era stato* fino a quell'ora, ma lui non ha voluto dirmelo.
10. Non sapevo se ti avessero detto	**j.** No, è la prima volta; è proprio bello e si mangia bene.

1.___; 2___; 3.___; 4.___; 5.___; 6.___; 7.___; 8.___; 9.___; 10.___.

2. Completa le frasi con i verbi dati al passato prossimo, imperfetto, trapassato prossimo.

1. Domenica scorsa Tim e Klaus (volere) ________________ andare al mare, ma poi Klaus (sentirsi) ________________ male perché la sera prima (bere) ________________ troppo.
2. Stamattina, mentre (io, andare) ________________ alla stazione per prendere il treno, (incontrare) ________________ Klaus e (noi, mettersi) ________________ a parlare. Mi (raccontare) ________________ che lui e i suoi due amici qualche mese prima (fare) ________________ un viaggio in Italia e (essere) ________________ anche a Venezia.
3. Mercoledì scorso Sara non (venire) ________________ a cena da noi, perché il pomeriggio (lavorare) ________________ così tanto che la sera

(essere) ________________stanchissima e (preferire)________________ riposarsi.

4. L'anno scorso le ragazze (andare) ________________ in vacanza nello stesso posto dove (essere) ________________ qualche anno prima.

5. L'acqua che (loro, bere) ________________ non (essere) ________________ fresca perché (dimenticarsi) ________________ di metterla nel frigorifero.

Conclusione | Nachwort

Dieses Buch, wie auch das vorherige Werk für die Niveaustufen A1-A2, spiegelt einen großen Teil meiner pädagogischen Erfahrungen wider, die ich über viele Jahre hinweg gesammelt habe.

Während meiner Lehrtätigkeit habe ich mich intensiv damit beschäftigt, wie ich Erwachsenen, Jugendlichen und Kindern die italienische Sprache auf eine ansprechende und motivierende Weise vermitteln kann. Es ist eine Herausforderung, meine Erkenntnisse auf wenige Seiten zu komprimieren, und ich weiß, dass nichts den Wert persönlicher Begegnungen ersetzen kann. Dennoch hoffe ich, dass dieses Buch dir beim Erlernen oder Genießen der italienischen Sprache eine wertvolle Unterstützung bietet.

Abschließend möchte ich mich beim Ehrengut Verlag bedanken. Ohne das Vertrauen und die Geduld der Verlegerin wäre die Umsetzung meiner Ideen und die Entstehung dieses Buches nicht möglich gewesen.

Paola Fanti

01 I tre di Monaco
Comprensione del testo: 1C, 2B, 3B
Attività 1: 1. Ieri sera **siamo andati/e** al cinema con gli amici; 2. La scorsa settimana Klaus **ha corso** nel parco e **ha fatto** ginnastica; 3. I bambini **hanno salito** le scale attentamente e non **sono caduti**; 4. Al mare **hanno preso** il sole e **hanno nuotato**; 5. **Hanno suonato** alla porta e **sei corso/a** ad aprire; 6. **Avete preso** l'aereo e **avete volato** per la prima volta; 7. Maria **è scesa** con l'ascensore, noi **abbiamo sceso** le scale a piedi; 8. Dove **hai passato** le tue vacanze? Quando **sei tornato/a**? 9. **Hai visto** quei passerotti che **sono volati** tra gli alberi?; 10. Ieri le nostre cugine **sono passate** a trovarci, **sono venute** quando **hanno finito** di lavorare.
Attività 2: **1.** *sono aumentati/e*; 2. hanno aumentato/g; 3. sono diminuite/i; 4. *ha diminuito/b*; 5. sono cambiate/h; 6. hanno cambiato/j; 7. hanno cominciato/d; 8. sono cominciati/c; 9. ha finito/a; 10. è finito/f.

02 Preparativi
Comprensione del testo: 1A, 2B, 3A
Attività 1: **Presente**: 1. vogliono; 2. devono; 3. posso; 4. volete; 5. possiamo, dobbiamo. **Passato**: 1. Sono tornati/sono voluti; 2. Hanno comprato/hanno dovuto; 3. Ho guardato/ho potuto; 4. Avete cucinato/avete voluto; 5. Siamo tornati/e+abbiamo lavorato, siamo potuti/e+abbiamo dovuto.
Attività 2: **Hai dovuto** alzarti così presto?; 2. I bambini non **si sono voluti** lavare i denti; 3. Non **hanno potuto** incontrarsi prima delle tre; 4. Laura **ha voluto** mettersi il vestito più elegante; 5. Carla e Lara **si sono dovute** abituare ad alzarsi presto; 6. Lei **ha dovuto** togliersi il cappotto /…/; 7. Non **ci siamo potuti/e** iscrivere al corso /…/; 8. Non **hanno voluto** asciugarsi con quell'asciugamano /…/; 9. **Mi sono voluto/a** rilassare un po' /…/; 10. La bambina **si è dovuta** coricare prima delle nove.

03 Verso Torino
Comprensione del testo: 1B, 2B, 3C
Attività 1: 1. prenderete; 2. Verranno; 3. avremo; 4. incontrerò, mi sposerò; 5. potranno; 6. sapremo, diremo; 7. faranno, passeranno; 8. cercherai; 9. pagherà, pagheranno; 10. sarò, berrò.
Attività 2: **1.E** avremo chiuso; **2.C** avrò trovato; **3.A** avrò finito; **4.B** si sarà laureata; **5.D** avranno comprato.

Attività 3: 1. A: sarà successo, B: Sarà; 2. B: **le** avrà mangiat**e**; 3. B: Avrà; 4. A: Sarà (già) tornata, B: tornerà; 5. A: Sarà arrivata.

04 Sosta d'emergenza

Comprensione del testo: 1C, 2C, 3B

Attività 1: 1. Allegramente/a. allegri, allegramente; 2. Chiaramente/b. chiaramente, chiari; 3. Difficilmente/c. difficili, difficilmente; 4. Facilmente/d. facile, facilmente; 5. Gradevolmente/e. gradevolmente, gradevoli; 6. Intelligentemente/f. intelligente, intelligentemente; 7. Lungamente/g. lungamente lunga; 8. Naturalmente/h. naturale, naturalmente: 9. Normalmente/i. normali, normalmente. 10. Tranquillamente/j. tranquille, tranquillamente.

Attività 2: 1. buone; 2. bene; 3. bene; 4. buona, bene; 5. buoni.

Attività 3: 1. Agg.; 2. Avv.; 3. Agg.; 4. Agg.; 5. Avv.

Attività 4: 1. presto; 2. davanti; 3. vicino; 4. forte; 5. dopo.

05 L'ostello

Comprensione del testo: 1C; 2A; 3A

Attività 1: 1.C; 2.I; 3.J; 4.G; 5F; 6.A; 7.E; 8.B; 9.D; 10.H

Attività 2: 1. gliele; 2. te la; 3. ce lo; 4. tene; 5. mela; 6. ve le; 7. gliela; 8. gliene; 9. me la; 10. ce li, ve li.

Attività 3: 1. ce lo; 2. te ne; 3. ci; 4 mi ci; 5. se la; 6. ti ci; 7. ce ne; 8. Ce la; 9. me li; 10. Ve li, ce ne.

06 Una serata in pizzeria

Comprensione del testo: 1B; 2C; 3A

Attività 1: 1.a; 2.a; 3.b; 4.a; 5.b; 6.a; 7.b; 8.b; 9.b; 10.a.

07 Colazione in centro

Comprensione del testo: 1B; 2C; 3B

Attività 1: 1J; 2I; 3E; 4.D; 5B; 6.C; 7.H; 8.G; 9.A; 10.F.

Attività 2: 1. spediscil**e**, Non spedi**rle**; 2. Compra**glieli**, Non compra**rglieli**; 3. Scrivete**mene** alcune, Non scrivete**mene** più; 4. Leggi**gliela**, Non legge**rgliela**; 5. Mangiamo**le**, Non mangiamo**le**. / a. **li** spedisca, Non **li** spedisca; b. **Gliele** compri, Non **gliele** compri; c. **Me ne** scriva tante, Non **me ne** scriva più; d. **Glielo** legga, Non **glielo** legga; e. **La** mangi; Non **la** mangi.

Attività 3: 1. a. Dà /. . .../, b. Da**ccela**; 2. a. Scelga /.../, b. **Ne** scelga due; 3. a. **non** and**are** /.../, b. **non** and**arci**; 4. a. Sappiate /.../, b. Sappiate**lo**; 5. a. Fa' /.... ./, b. fa**ccela**.

08 In fila per la Mole

Comprensione del testo: 1C; 2B; 3A
Attività 1: 1. stiano; 2. vadano; 3. voglia; 4. sia; 5. faccia; 6. vadano, viaggino; 7. escano; 8. conoscano, si vogliano; 9. si divertano; 10. sia.
Attività 2: 1. **che**/.../abbiano, **di** riusc**ire**, **che**/.../sia; 2. **di**/.../guadagn**are**, **che**/.../aiutino, **di** pot**ersi**; 3. **di** laure**arsi**, **che** studino, **che** si laureino.

09 Dall'alto e all'interno

Comprensione del testo: 1B; 2A; 3C
Attività 1: abbia fatto; siate stati/e; siamo stati/e; abbia voluto; abbia detto; abbia tenuto; siano andati/e; sia uscito/a; abbia saputo; abbiano bevuto; sia tornata; abbia aperto; abbiate capito, abbiano potuto; abbia avuto.
Attività 2: 1. vadano via; 2. sia, abbia letto; 3. superi, abbia studiato; 4. abbia pulito, debba; 5. abbiate capito, sia, ripeta, comprendiate; 6. siano potuti/e (venire), siano rimasti/e, riescano; 7. abbiate avuto, vi riprendiate; possiate; 8. venga, si sia offesa; 9. abbia urtato; ritorni; 10. abbia chiesto; possano.

10 In moto sul colle

Comprensione del testo: 1C; 2A; 3C
Attività 1: 1. L'ho vist**a**; 2. L'hai vist**a**, le hai parlato; 3. ti ha restituito; 4.Non gli hanno scritto, l'hanno chiamat**o**; 5. Ne hai lett**i**; 6. Ne hanno inviat**e**; 7. non vi ho vist**e**(o); 8. non mi hai chiamat**a**(o); 9. mi hai telefonato; 10. l'ho accompagnat**a**.
Attività 2: 1. me l'ha dett**o**; 2. Te l'ho mess**a**; 3. gliene ho prestat**i** (molti); 4. ce le avete portat**e**; 5. Ve li abbiamo lasciat**i**; 6. Gliene ho comprat**e**; 7. Gliel'hanno /.../inviat**a**; 8. te l'ho ripetut**o**; 9. Ve l'ho dat**o**; 10. Me l'hanno raccontat**a**.

11 Musica e nuove amicizie

Comprensione del testo: 1B; 2B; 3C
Attività 1: 1D; 2I; 3E; 4G; 5C; 6H; 7A; 8J; 9F; 10B.
Attività 2: 1. solo se mi chiede; 2. Benché/sebbene abbia insistito; 3. Sebbene/benché sia arrivata, Anche se sono arrivata; 4. A condizione che mi promettiate/solo se mi promettete; 5. Benché/sebbene abbia dormito, anche se ho dormito; 6. in modo che/affinché possa ; 7. Sebbene, benché l'abbia letto; 8. Affinché/in modo che possa; 9. A condizione che venga;

10. A condizione che /.../ ci sia, solo se /.../c'è.

12 All'azienda vinicola

Comprensione del testo: 1B; 2A; 3B

Attività 1: 1. si sono realizzate (PP); 2. si fa bollire, si butta (P); 3. si beve, si servono (P); 4. si sono bevuti, si sono servite (PP); 5. vogliono (P).

Attività 2: 1. si scende, si va (P); 2. si è risaliti, si è proseguito (PP); 3. si è partiti, si è arrivati (PP); 4. si impara, si può (P); 5. si torna, si è (P)

Attività 3: 1. Nell'arco della vita molte cose inutili vengono/sono comprate da ognuno di noi./Nell'arco della vita molte cose inutili sono state comprate da ognuno di noi.; 2. L'acqua viene/è bevuta da tutti, ma il vino viene/è bevuto solo da alcuni/L'acqua è stata bevuta da tutti, ma il vino è stato bevuto solo da alcuni.; 3. Quella casa viene/è costruita con perizia dai muratori./Quella casa è stata costruita con perizia dai muratori.; 4. Bei libri vengono/sono scritti da molti bravi scrittori./Nel passato bei libri sono stati scritti da molti bravi scrittori. 5. La caldaia viene/è riparata da quel bravo tecnico./La caldaia è stata riparata da quel bravo tecnico.

Attività 4: 1. Il mobile va montato subito/deve essere montato subito; 2. Penso che vada chiamato un tecnico/debba essere chiamato un tecnico; 3. Tutti i testi andavano controllati meglio/dovevano essere controllati meglio; 4. La cena va riscaldata nel microonde/deve essere riscaldata nel microonde; 5. La camicia andrà prima smacchiata/dovrà essere prima smacchiata.

13 Rifornimento

Comprensione del testo: 1B; 2C; 3B

Attività 1: 1F; 2D; 3J; 4A; 5C; 6I; 7E; 8B; 9G; 10H.

Attività 2: 1. a. Gli amici, a cui ho telefonato ieri, sono partiti oggi, b. Gli amici, ai quali ho telefonato ieri, sono partiti oggi; 2. a. Il treno, con cui prima andavo al lavoro, era un diretto, b. Il treno, con il quale prima andavo al lavoro, era un diretto; 3. a. Il cavallo, su cui ho scommesso, ha vinto, b. Il cavallo, sul quale ho scommesso, ha vinto; 4. a. La nuova legge, di cui parlano i giornali, verrà approvata domani, b. La nuova legge, della quale parlano i giornali, verrà approvata domani; 5. a. Un amico, su cui posso sempre contare, è Mario; b. Un amico, sul quale posso sempre contare, è Mario; 6. a. Il film, di cui non ricordo il titolo, è molto bello, b. Il film, del quale non ricordo il titolo, è molto bello; 7. a. L'albergo, in cui soggiorneremo, è nel centro della città, b. L'albergo, nel quale soggiorneremo, è nel centro della città; 8. a. I due corsi, fra cui devi scegliere, sono abbastanza difficili; b. I due corsi, fra i quali devi scegliere, sono abbastanza difficili; 9. a. La città, da cui sono tornata ieri, è nel Nord del Paese, b. La città, dalla quale sono tornata ieri, è nel Nord del Paese; 10. a. Il motivo, per cui non posso venire, è personale, b. Il motivo, per il quale non posso venire, è personale.

14 Mal di denti

Comprensione del testo: 1B; 2C; 3C

Attività 1: 1. stavo facendo; 2. stavo per cominciare; 3. Sto per partire; 4. sta uscendo; 5. Sta per arrivare.

Attività 2: 1. sta per uscire, possiamo; 2. Sto lavorando, concedo; 3. Vieni, Sta per cominciare, stanno passando, Sto arrivando; 4. vedo, sta studiando; 5. finisci, sto ultimando, la consegno.

Attività 3: 1. staranno facendo, staranno per tornare; 2. stavo andando; 3. stia telefonando, stia parlando; 4. Sto per uscire; 5. stava salendo, stava per arrivare.

15 Riposo e noia

Comprensione del testo: 1B; 2B; 3A

Attività 1: 1. piacerebbe D; 2. dovresti C; 3. dispiacerebbe R; 4. faremmo C; 5. Vivreste D; 6. rimarrei D; 7. abbasseresti R; 8. cercherei C; 9. avresti R; 10. Vorrei D.

Attività 2: 1I; 2E; 3G; 4F; 5B; 6J; 7H; 8A; 9C; 10D

Attività 3: 1. Avrebbe mangiato; 2. fareste, avrei bisogno, aiutereste; 3. L'avrei salutata; 4. piacerebbe, verresti; 5. saresti, sarei andato/a.

16 WhatsApp

Comprensione del testo: 1B; 2A; 3B

Attività 1: 1. studiassero, lavorassero; 2. fossero; 3. si conoscessero; 4. riusciste; 5. traducessero; 6. stesse, tornasse; 7. piacesse, fossero; 8. sapessero; 9. potessero; 10. volessero.

Attività 2: 1. fossero stati; 2. avesse pagato; 3. si fossero lasciati; 4. avessero comprato; 5. foste stati, aveste visto; 6. aveste superato; 7. fossero state; 8. si fosse fatto; 9. si fossero rotti; 10. ti fosse piaciuto.

Attività 3: 1. Sebbene; 2. purché; 3. affinché; 4. prima che; 5. solo se

17 Dove nasce il Po

Comprensione del testo: 1C; 2B; 3A

Attività 1: 1D; 2H, 3I; 4A; 5B; 6.J; 7.F; 8.C; 9.G; 10E.

Attività 2: 1. verreste; 2. piacerebbe; 3. verrei; 4. studiassero; 5. abitassimo;

6. spendeste; 7. piovesse; 8. fossero, 9. licenzierei; 10. comprerei.
<u>**Attività 3:**</u> 1. avresti controllato, dovresti; 2. avremmo mangiato, staremmo; 3. si sarebbero fermati; sarebbe; 4. sareste andati/e, ricevereste; 5. ti saresti alzata, potresti; 6. avrebbero fatto; sarebbero; 7. avremmo potuto, mangeremmo; 8. avrei chiesti, potrei; 9. avrebbero perso, sarebbero; 10. mi sarei fermato/a, vivremmo.

18 In Liguria
Comprensione del testo: 1B; 2C; 3B
<u>**Attività 1:**</u> 1. Leggere; 2. Studiare **le** lingue; 3. fumare; 4. Salire è stat**o** /.../ faticos**o**; 5. Comprendere **un** testo; 6. cucinare; 7. correre, nuotare; 8. Lavorare; 9. giocare; 10. ascoltare **la** radio, /.../ per apprendere **una** lingua.
<u>**Attività 2:**</u> 1. essere andati; 2. aver fatto la spesa; 3. essere partita; 4. aver letto; 5. aver cominciato.

19 Venezia
Comprensione del testo: 1C; 2A; 3B
<u>**Attività 1:**</u> *Essendo in ritardo*, ha telefonato per avvertire; 2. *Tornando* a casa, puoi comprarmi il pane?; 3. A scuola non prendeva buoni voti, *pur studiando* molto; 4. *Conoscendo**lo***, so che non verrà; 5. *Stando* più attento, capirebbe meglio.
<u>**Attività 2:**</u> 1. *Avendomi* fatto arrabbiare, l'ho cacciato; 2. È caduta, ***non*** *essendo* stata attenta; 3. ***Non*** *essendo tornato* in tempo, ha perso l'inizio della partita; 4. È riuscito a far studiare i suoi figli, ***pur*** *non avendo avuto* molta fortuna; 5. ***Non*** *avendo letto* i giornali, non sa cos'è successo.

20 A presto, Italia
Comprensione del testo: 1C; 2B; 3C
<u>**Attività 1:**</u> 1D; 2F; 3G; 4A; 5J; 6I; 7C; 8E; 9B; 10H.
<u>**Attività 2:**</u> 1. volevano; si è sentito, aveva bevuto; 2. andavo, ho incontrato, ci siamo messi, ha raccontato, avevano fatto, erano stati; 3. è venuta, aveva lavorato, era, ha preferito. 4. sono andate, erano state; 5. hanno bevuto, era, si erano dimenticati/e.

Registro di grammatica | Grammatik-Register

Avverbi 30ff

Condizionale presente e passato 116ff
Congiuntivo imperfetto e trapassato 122ff
Congiuntivo o indicativo con particolari congiunzioni 86ff
Congiuntivo passato 73ff
Congiuntivo presente 63ff
Connettivi 47ff

Forme impersonali (si) e passivo 93ff
Futuro semplice e anteriore 21ff

Gerundio 143ff

Imperativo con e senza pronomi 53ff
Infinito 137ff

Passato prossimo con i verbi modali 14ff
Passato prossimo: verbo transitivo e intransitivo 6ff
Periodo ipotetico: realtà, possibilità, impossibilità 131ff
Pronomi combinati 38ff
Pronomi con passato prossimo 79ff
Pronomi relativi 104ff

Stare per – Stare+ gerundio 110ff

Trapassato prossimo 148ff

Traduzioni | Übersetzungen

Um sicherzustellen, dass du **die Inhalte des Buches auf Italienisch selbständig verstehen** kannst, haben wir die deutschen Übersetzungen nicht direkt neben die italienischen Texte platziert. **Schwierige Vokabeln** erklären wir im Anschluss an den Text **auf Italienisch**. Solltest du weitere Wörter nicht verstehen, kannst du sie eigenständig in einem **(Online-) Wörterbuch** nachschlagen.
Falls du die **deutsche Übersetzung** benötigst, kannst du sie schnell und einfach aufrufen und/oder herunterladen. Sie ist lediglich als **Hilfestellung** gedacht, wenn jemand mit dem italienischen Text allein (noch) nicht zurecht kommt. Die Übersetzung ist frei und nicht wörtlich. Es handelt sich um eine idiomatische Übersetzung.

Und so geht's:

Öffne die Kamera-App auf deinem Smartphone oder deinem Tablet und richte die Kamera auf den QR-Code. Wenn du eine gute Internetverbindung hast, öffnet sich das Zusatzmaterial ganz automatisch. Falls die Kamera-App auf deinem Smartphone die Funktion zum QR-Code scannen nicht hat, kannst du den Code alternativ auch mit einer **QR-Scanner-App** öffnen oder direkt auf unsere Website zugreifen (URL aus QR-Code):

https://www.ehrengut-verlag.de/pdfs/Italienisch_fuer_den_Alltag_2-Uebersetzungen

Bei Problemen schreibe uns gerne an **info@ehrengut-verlag.de.** Wir werden uns zeitnah bei dir melden und dir beim Lösen deines Problems helfen.

Herzlichen Glückwunsch! Du hast nun die **Grundgrammatik** der Niveaus B1 und B2 in Italienisch **abgeschlossen**. Das bedeutet, dass du ein **solides Verständnis für grundlegende grammatikalische Strukturen** hast und in der Lage bist, **in vollständigen Sätzen** effektiv zu **kommunizieren.**
Eine wichtige Fähigkeit, die du erworben hast, ist die **korrekte Konjugation von Verben**. Sie ist entscheidend, um korrekte und kohärente Sätze zu bilden. Deshalb möchten wir dir als Bonusmaterial eine Verbliste zur Verfügung stellen. Dort kannst du immer nachschauen, wenn du wissen möchtest, wie Verben korrekt konjugiert werden.

Und so geht's:

Öffne die Kamera-App auf deinem Smartphone oder deinem Tablet und richte die Kamera auf den QR-Code. Wenn du eine gute Internetverbindung hast, öffnet sich das Zusatzmaterial ganz automatisch. Falls die Kamera-App auf deinem Smartphone die Funktion zum QR-Code scannen nicht hat, kannst du den Code alternativ auch mit einer **QR-Scanner-App** öffnen oder direkt auf unsere Website zugreifen (URL aus QR-Code):

https://www.ehrengut-verlag.de/pdfs/Italienisch_fuer_den_Alltag_2-Lista_dei_verbi

Bei Problemen schreibe uns gerne an **info@ehrengut-verlag.de.** Wir werden uns zeitnah bei dir melden und dir beim Lösen deines Problems helfen.

Kundenfeedback

Vielen Dank, dass du dich für unser Buch entschieden hast.

Wir hoffen, dass es dir **beim Italienisch lernen hilft** und dass du **Freude beim Lernen** hast.

Rückmeldungen und Bewertungen von unseren Kunden sind für uns sehr wichtig. So verstehen wir, was wir gut gemacht haben und wo wir uns noch verbessern können. Dadurch können wir dieses **Buch** und zukünftige **Bücher verbessern** und den **Nutzen** für unsere Leser **erhöhen**.

Wenn du mit deinem Kauf zufrieden bist, würden wir uns sehr über eine kurze Rezension auf Amazon freuen.

Solltest du nicht zufrieden sein oder Verbesserungsvorschläge haben, schreibe uns bitte eine E-mail an **info@ehrengut-verlag.de.** So hilfst du uns und unseren zukünftigen Kunden.

Vielen Dank für deine Mithilfe!

FSC
www.fsc.org
MIX
Papier | Fördert
gute Waldnutzung
FSC® C083411

Zeitfracht Medien GmbH
Ferdinand-Jühlke-Straße 7
99095 Erfurt, Deutschland
produktsicherheit@kolibri360.de